대한민국
아파트는
절대
배신하지
않는다

대한민국 아파트는 절대 배신하지 않는다

1판 1쇄 펴낸 날 2021년 8월 19일

지은이 장용석
펴낸이 나성원
펴낸곳 나비의활주로

책임편집 권영선
디자인 design BIGWAVE

주소 서울시 성북구 아리랑로19길 86, 203-505
전화 070-7643-7272
팩스 02-6499-0595
전자우편 butterflyrun@naver.com
출판등록 제2010-000138호
상표등록 제40-1362154호

ISBN 979-11-90865-40-1 03320

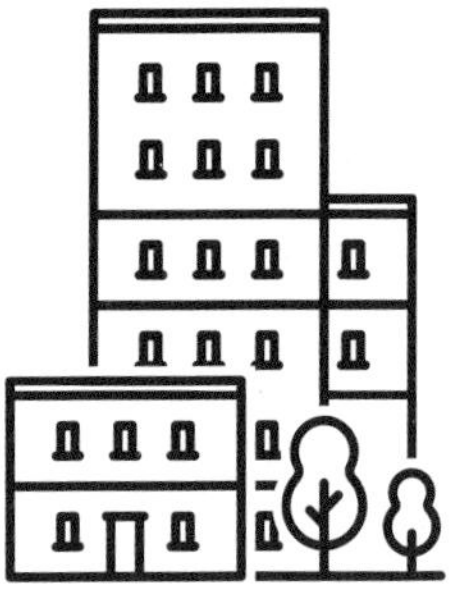

대한민국 아파트는 절대 배신하지 않는다

부동산 투자 전문가가 들려주는 현실적인 조언과 해법

장용석 지음

나비의 활주로

프 롤 로 그

소득이 증가해도 부자는 될 수 없는 이유

'아껴서 부자 되자'란 말이 표어처럼 회자되던 시절이 있었다. 그 시절에는 일자리를 구하는 것이 지금만큼 어렵지 않았고, 열심히 일해 돈을 벌어 그 돈으로 투자를 하면 부자가 될 기회를 잡을 수 있었다.

알고 하든 모르고 하든 일단 사놓기만 하면 가격이 올라 시세 차익을 볼 수 있던 그 시절, 다른 사람보다 일찍 돈을 버는 방법을 터득한 사람들은 부동산 투자를 반복하며 재산을 불렸다. 그렇게 부동산 투자로 부를 이룬 사람들이 늘어나면서 많은 투자자들이 시장에 뛰어들었고, 그것은 시간이 지날수록 지역별 격차를 만들어냈다. 그리고 수십 년의 세월이 흐른 지금도 그 격차는 좁혀지지 않고 있다.

돌이켜 보면 오늘날과 같은 격차가 생기기 전에 부동산의 가치를 알아보고 투자를 한 사람들은 탁월한 선택을 한 것이다. 그 결정 덕분에 그들은 더 큰 부를 쌓을 기회를 누구보다 더 빨리 얻을 수 있게 되었다. 문제는 투자를 한 사람과 투자를 하지 않은 사람들의 차이가 벌어져도 너무 벌어졌다는 점이다. 그것은 결국 부동산 투자의 진입장벽을 과도하게 높이는 결과로 이어졌고, 부동산 투자의 필요성을 알면서도 당장 돈이 없어 할 수 없다는 인식을 갖는 데 일조했다.

부동산과 더불어 대표적인 투자 상품으로 꼽히는 주식은 수십만 원만 있어도 투자할 수 있지만, 부동산 투자는 그보다 최소 수십 배의 자금이 필요하다. 그러다 보니 부동산 투자에 대한 심리적 진입장벽 역시 높은 상태다. 게다가 어렵게 종자돈을 마련해 투자를 하더라도 부자가 될 만큼 수익을 내는 것도 현재로서는 쉽지 않다. 예전과는 투자 환경이 많이 달라졌기 때문이다. 즉, 지금은 투자를 해도 앉아서 돈 벌 수 있는 시대가 아니다.

그렇다고 부동산 투자에 관심 둘 필요가 없다는 말은 당연히 아니다. 사놓기만 하면 알아서 가격이 오르는 좋은 시절은 갔지만 지금도 얼마든지 방법은 있다. 단, 그 방법을 모르는 사람들이 많을 뿐이다. 그나마 다행인 점은 근로소득만으로 평생을 살아갈 수 없다는 것을 아는 사람들이 많아지고 있다는 점이다. 조금 더 솔직히 말하면 노동소득만으로는 생계유지도 빠듯한 것이 우리가 살고 있는 현실이다. 급여 인상률에 비해 생활비와 교육비, 물가 등이 천정부지로 치솟고 있다는 것을 지금은 어린아이들조차 아는 시대다.

물론 개인의 능력이 출중해 소득이 증가하는 것은 얼마든지 가능하다. 하지만 부자가 되기에는 역부족이라는 것을, 누가 가르쳐주지 않아도 우리 모두는 알고 있다. 더구나 투자하지 않는 서민의 삶은 더욱 고달파진다는 말까지 나오는 상황인 만큼 물가상승률과 화폐가치의 하락을 넘어설 수 있는 '대책'을 세우는 일은 꼭 필요하다.

앞에서도 언급했듯이 우리나라 사람들은 투자라고 하면 흔히 부동산과 주식을 떠올린다. 어느 쪽이 나을까? 만약 결정하기 어렵다면 한 가지만 기억하자. 우리나라에서 부동산이 없는 부자는 없다.

장용석

CONTENTS

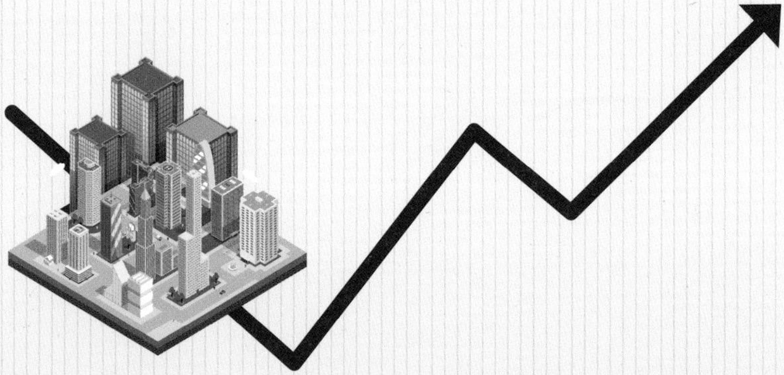

PART 2

부동산, '트렌드'를 읽어라

PART 3

정책을 이기는 부동산 투자 전략

PART 4

부동산, '세금'과 싸워라

PART 5

실전 상담 사례_ 지역별 부동산 투자 비법

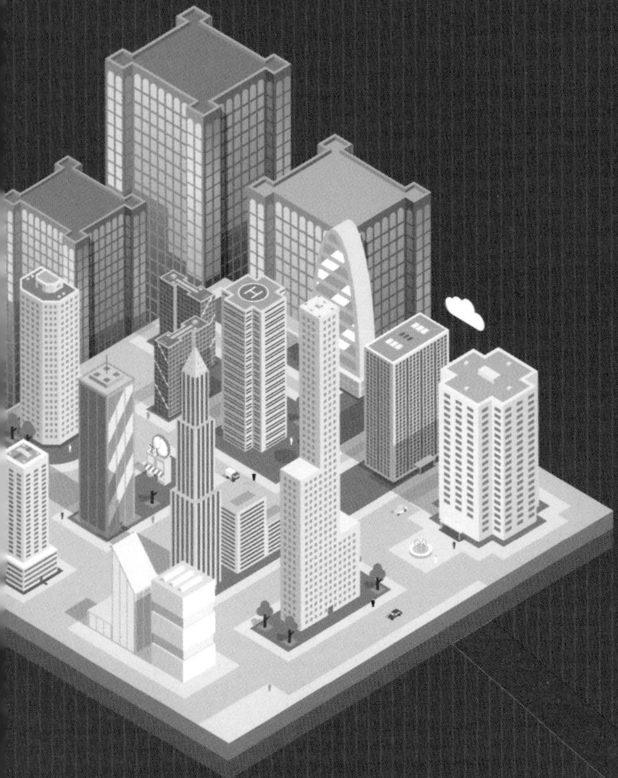

PART 1

결국은 부동산이 이긴다

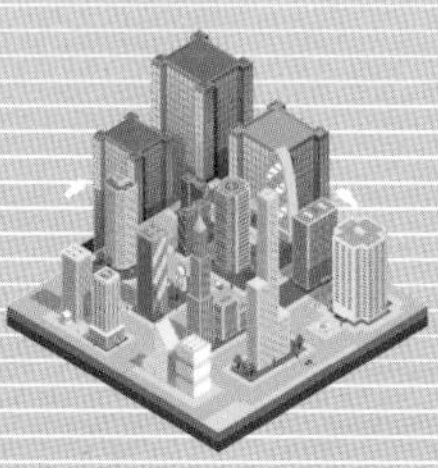

- 위기가 곧 기회다
- 역사가 증명하는 '부동산 불패 시대'
- 부동산 투자, 이것만은 명심하자

위기가 곧 기회다

| 부동산 10년 주기설 |

1960년, 우리나라의 1인당 국민총생산GDP은 158달러로 아프리카의 가나보다도 낮은 수준이었다. 이 시기 대한민국에 필요한 것은 개발과 성장이었고, 이에 부동산 투자가 활발히 이루어지면서 투기열풍 역시 덩달아 하늘 높은 줄 모르고 치솟았다.

이후 10년이 지난 1970년대 말, 박정희 정부가 내놓은 부동산 투기억제책은 과도한 부동산 투기로 불안정해진 부동산 시장을 안정시키기 위한 대책이었다. 하지만 전두환 정권을 거치면서 집값은 또다시 폭등했고 1980년대 후반, 노태우 정부 때 '토지 공개념'을 도입, 양도세·비과세 축소 등의 대책을 잇달아 발표하며 부동산 시장을 규제하기 시작했다. 이 역시 10년 만이었다.

다시 10년이 흘러 1990년대 후반, IMF 시기에 집권한 김대중 정부는 경기 부양책으로 부동산 시장 활성화 정책을 추진했지만 투기세력이 따라오면서 집값은 또다시 폭등했다. 이에 2000년대 중반에 들어선 노무현 정권의 미션은 단연 강력한 부동산 규제책이 될 수밖에 없었다. 하지만 그 시기 전 세계적인 부동산 시장의 호황으로 노무현 정부는 역대 정권 중 가장 높은 20%대 집값 상승률을 보이며 주택 가격 안정화에는 실패했다. 다만 이때 도입된 다양한 부동산 규제책이 현재 문재인 정부에서 재시도되고 있다.

경제 활성화와 주택시장 활성화를 추진한 이명박, 박근혜 정부 시절에는 주거 안정화를 이룬 측면도 있지만 한편으론 전세 대란, 집값 상승의 결과를 초래했고 이것은 문재인 정부의 부동산 규제 정책을 불러왔다.

현재 문재인 정부는 지속적으로 다주택자에 대한 양도세 중과, 총체적 상환능력비율DSR 적용 등 강경한 부동산 규제책을 내고 있고, 대통령 직속 정책기획위원회 산하 재정개혁특별위원회가 공식 출범하면서 다주택자 및 고가 주택 보유자를 대상으로 보유세 개편을 단행하고 있다. 특히 공정시장가액비율을 상향 조정함으로써 자동적으로 세율이 인상되었고, 이로써 고가 다주택자에 대한 세금이 증세되었다. 물론 이러한 정책을 반길 다주택자는 없지만 한편으로는 청년·신혼부부에게 시세의 70~85% 수준의 공공지원 민간 임대주택을 제공해 이를 통해 무주택 서민이 혜택을 누릴 수 있는 길이 열렸다.

또한 정부의 강남권 재개발 규제에 따른 반사효과로 서울 강북 지역 재개발 아파트의 조합원 입주권 프리미엄이 3억 원대를 넘어섰고, 상암 수색역 일대에 대한 개발 기대감은 상승했다. 그 외에도 인근 가재울 뉴타운 가격 상승에 힘입어 수색, 증산 뉴타운의 입주권 가격이 동반상승 했다. 신길 뉴타운의 조합원 분양가와 비교했을 때 3억 원 이상 높은 가격인 만큼 강북 재개발 아파트는 그야말로 프리미엄 로또라고 할 수 있다.

이에 반해 정부의 강력한 규제로 강남, 서초, 송파, 강동구로 이루어진 서울 강남권 아파트 값은 상승세를 멈추었으며 거래는 위축되었다. 특히 서초구의 경우 6개월 만에 처음으로 주간 아파트 값 상승률이 하락했다. 이는 위례신도시, 하남미사지구에서 대규모 아파트 단지가 준공되고 저렴한 보증금으로 제공되면서 새 아파트 입주 물량이 증가하는 동시에 수요가 분산되었기 때문이다.

한편 정부가 발표한 도시재생뉴딜 로드맵에 따르면 2022년까지 총 500곳에서 도시재생뉴딜 사업을 시행할 예정이며, 청년들에게는 시세의 절반 이하로 창업을 준비할 수 있는 공간이, 영세 상인들에게는 주변 임대료의 80% 이하로 최장 10년 동안 임차할 수 있는 혜택이 주어질 예정이다. 이처럼 지역 주도로 이루어질 도시재생뉴딜은 상생을 목표로 주거복지를 실현하고 지역 일자리를 창출하는 기회가 될 것으로 보인다.

앞에서 언급했듯이 노무현 정부에서 도입한 보유세 강화와 다주택자 양도세 중과 및 종합부동산세 정책은 현 정부에서도 고스란히 받아들이고 있다. 이명박, 박근혜 정부를 거쳐 2020년, 또다시 10년 만에 강경한 부동산 규제 정책이 시행되어 전반적인 부동산 시장의 활기는 다소 잦아들었지만 폐허 위에서도 새로운 생명이 움트듯이 곳곳에서 희망찬 소식도 들려온다. 위기는 곧 기회라는 말도 있듯이 이럴수록 희망의 끈을 놓지 말고 꿈을 향해 뛰기를 기대한다.

| 부동산의 가치는 오르게 되어 있다 |

현재 문재인 정부는 부동산 가격의 급격한 상승세를 꺾기 위해 매우 강도 높은 규제 정책을 펼치고 있다. 하지만 10년을 주기로 완화와 규제 정책이 반복된 것을 보면 알 수 있듯이 어떤 정부도 강경 일변도의 부동산 규제를 지속할 수는 없다. 그것은 필연적으로 내수시장에 큰 타격을 입히기 때문이다.

우리나라는 전통적으로 부동산 건설업을 통해 경기 부양을 해왔고, 오늘날 건설업 관련 일자리가 굉장히 많이 형성되어 있다. 특히 통계에 잡히지 않는 종사자들이 많기 때문에 건설 부동산 업계가 위축될수록 대량의 실업 사태가 발생하게 되고, 이것은 내수시장 타격으로 이어질 수밖에 없다.

물론 부동산 가격이 지나치게 오르면 규제를 하는 것이 당연한 일일 수도 있지만 부동산 경기가 과도하게 얼어붙을 경우 규제 완화책은 나올 수밖에 없다. 이것은 정권의 성향과도 관계가 없다.

예를 들어 2008년, 금융 위기가 온 후 주택 가격이 떨어지면서 박근혜 정부 때 재건축 규제를 완화했는데 그것은 박근혜 정부여서가 아니라 다른 정권이었어도 선택의 여지가 없는 일이었다. 정권의 성향과 상관없이 부동산 건설업을 활성화해 경기를 살려야 한다는 대전제가 깔려 있기 때문이다. 다시 말해 경기 부양을 해야 한다는 목표하에서 부동산 정책은 규제와 완화 패턴을 반복할 수밖에 없는 구조다.

그렇다면 건설 부동산이 아닌 다른 산업 분야를 통해 경기 부양을 할 수는 없을까? 결론부터 말하면 거기에는 분명히 한계가 있다. 현재 문재인 정부는 경기 부양책으로 부동산 시장을 활용하지 않겠다는 입장을 고수하고 있으나 건설업만 하더라도 하도급, 자재장비업자, 부동산, 식당 등 밑바닥 경제에 미치는 파급력이 광범위하며, 특히 직접적인 낙수 효과로 이어지는 만큼 규제 일변도의 정책으로 부동산 경기가 크게 얼어붙은 상황에서는 다른 산업 분야를 이용한 경기 부양 효과가 제한적으로 나타날 수밖에 없다. 따라서 내수 경기를 살리기 위해서는 부동산 규제를 완화할 수밖에 없으며, 이것이 바로 부동산의 가치가 오를 수밖에 없는 이유다.

역사가 증명하는 '부동산 불패 시대'

| 시장을 역행하는 부동산 규제가 집값을 잡은 역사는 없다 |

2021년 현재, 문재인 정부는 부동산 시장에 매우 강도 높은 규제를 가하고 있으며 이 정책은 노무현 정부 시절에 도입되었던 규제책이 주를 이루고 있다. 그런데 부동산 시장의 흐름을 살펴보면 노무현 정부 때 시도되었던 규제가 집값 폭등으로 이어졌고 현 정권에서도 그러한 조짐들이 드러나고 있다.

단적인 예로 전셋값 상승을 들 수 있는데, 이것은 정부의 강력한 규제가 매매 심리를 위축시키고 그것이 전세입자의 매매 전환율을 감소시켜 전세 수요가 증가한 데서 원인을 찾을 수 있다. 즉, 전세 수요 증가가 전셋값 상승으로 이어진 셈인데 이 흐름은 필연적으로 매수 심리 증가로 이어져 집값을 상승시키는 요인으로 작용하고 있다.

사실 우리나라 같은 부동산 시장 환경에서 정부 정책으로 부동산 가격을 인위적으로 조절하는 것은 불가능에 가깝다. 아무리 정부가 강력한 의지를 가지고 규제를 해도 그 규제가 오히려 부동산 가격을 폭등시키기 때문이다.

그렇다면 시장에도, 정부에도 결코 바람직하지 않은 이런 흐름이 반복되는 이유는 무엇일까? 그것은 우리나라에서 부동산 규제는 곧 신규 공급의 감소를 의미하기 때문이다. 상식적으로 생각해도 정부가 규제 정책을 꺼내 드는 판국에 무리하게 사업을 진행하는 시행사와 건설사는 없다. 이것은 당연히 신규 공급의 감소로 이어지고, 시장 경제 원리에 따라 집값은 폭등할 수밖에 없다.

물론 3기 신도시 사업을 통해 30만 호를 공급할 예정이라고는 하지만 과거 3040세대에 비해 부동산에 대한 지식이 상향평준화된 현재의 3040세대들은 3기 신도시 이주 의향이 비교적 낮다. 실제로 LH산하 토지주택연구원의 설문조사 결과에 따르면, 3040세대의 3기 신도시 이주 의향 비율은 28%인데 이주 의향이 없는 주된 요인은 주변 인프라가 구축되기까지 시간이 오래 걸려서인 것으로 파악되었다.

이처럼 부동산 매수 흐름을 주도하는 3040세대가 3기 신도시에 미적지근한 반응을 보이는 상황에서 민간 공급이 제대로 받쳐주지 않으면 공급 부족으로 매매가는 상승할 수밖에 없으며 이것은 시장에도, 정부에도 결코 바람직한 일이 아니다. 그런데도 정부가 매번 규제-완화 패턴을 반복하는 이유는 현실적으로 부동산 정책은 이렇다 할 만한 대안을 찾기가 어렵기 때문이다. 이미 구조적으로 '규제=집값 폭등'으로 이어지는 흐름이 굳어져 있는 데다 그 흐름을 깰 만한 강력한 대안이 없으므로 정부의 부동산 정책은 규제-완화라는 큰 틀에서 움직일 수밖에 없다. 즉, 어떤 인위적인 조치가 취해진다고 하더라도 자유시장경제의 원칙에 따라 부동산 가치는 장기적으로 상승하게 되어 있다.

| 부동산 불패 신화로 보는 포스트 코로나 시대 투자 전망 |

투자 전망을 하기에 앞서 선행되어야 할 것은 현 시장 상황에 대한 정확한 판단이다. 현재에 대한 정확한 판단 없이 효과적인 투자 전략을 세우는 것은 요원한 일이기 때문이다. 2021년 현재, 부동산 시장 현황을 살펴보면 문재인 정부는 출범 후 지금까지 총 25번에 달하는 부동산 대책을 발표했으며 이에 따라 부동산 시장에서는 정부 정책에 대응하기 위한 준비들이 전개되고 있다.

우선 다주택자들의 경우 2021년 종합부동산세가 부과되기 전에 보유 부동산을 처분할 계획을 세우고 있으나 계약갱신청구권 때문에 실거주 목적의 실수요자들을 빼고 나면 거래 자체가 어려운 상황이다.

또 한편으로는 주택 가격이 너무 많이 오르다 보니 주택 구입 여부를 두고 무주택자들의 고민이 깊어지고 있으며, 반대로 3040세대의 경우 이른바 '패닉 바잉' 현상이 두드러지고 있다. 더 오르기 전에 지금이라도 구입하려는 수요가 몰려 있기 때문이다.

매매 수요 외에 전월세 수요 역시 포화 상태다. 2020년 현재, 강북권에는 월세 400만 원짜리 매물이 등장했다. 이것은 세금 부과에 따른 부담을 세입자에게 전가하고 있기 때문인 것으로 파악된다. 또 이 부분을 다르게 생각해보면 그 정도의 가격을 지불하더라도 들어오려고 할 만큼 전월세 수요가 많다는 것으로 유추할 수 있다.

패닉 바잉 현상과 전월세 가격 상승 현상이 나타나는 궁극적인 이유는 공급률이 수요를 못 따라가는 데서 원인을 찾을 수 있다. 거기에 더해 정부의 규제가 또 다른 풍선효과를 양산하면서 다시 서울권으로 투자가 몰리는 역풍선효과가 진행되고 있어 이대로라면 집값 상승은 불가피할 전망이다. 즉, 예전에는 강남을 중심으로 전국적인 풍선효과가 일어나 가격이 상승했다면, 지금은 같은 가격이면 서울권에 투자하겠다는 심리가 팽배해지면서 다시 서울권으로 투자수요가 몰리고 있는 중이다.

그렇다면 집값 상승을 막기 위해 어떤 대책을 세워야 할까? 답은 공급률을 올리는 데 있다. 따라서 향후 부동산 시장에서는 공공재개발과 공공재건축에 대한 관심이 높아질 것으로 예상되는데 여기에는 전제 조건이 있다. 공공재개발의 경우 용적률을 늘려 일반 공급률을 그만큼 늘려주었기 때문에 조합원의 분담금이 줄어들고 사업성이 개선된 측면이 있어 찬성하는 쪽이 많다. 하지만 공공재건축의 경우 확실한 보상책이 미비해 참여를 이끌어내기가 어려운 상황이다. 다시 말해 공공재건축 역시 일반분양을 많이 늘려 조합원들의 분담금 부담을 줄여주는 방안이 도입되어야 공급률 향상을 기대해볼 수 있을 것으로 보인다.

한편 현재의 부동산 시장에서 부동산 가격이 상승한 이유를 꼽아보면 임대차 3법과 주택임대사업자 세제 혜택 확대, 세제 강화로 인한 매물 잠김 현상을 들 수 있다. 현 정부 초기, 세수 확대 및 임대차 현황 투명화를 통해 보다 정확한 통계 집계가 가능한 것으로 보고 양도세, 종부세 등의 세금 혜택을 부여해 주택임대사업자 활성화 정책을 폈으나 이것이 주택임대사업자를 폭발적으로 증가시키고 결국 매수 수요가 많아져 집값을 상승시키는 결과로 이어졌다. 또한 주택임대사업자의 의무 임대기간이 단기는 5년, 장기는 8년이다 보니 시장에서 거래될 수 있는 매물이 잠겨 수요 대비 공급이 줄어드는 결과가 초래되었다.

이러한 조치들은 퇴로를 열어두지 않음으로써 시장 공급률을 지속적으로 하락시키는 결과를 가져오고 있으며, 이 문제들이 해소되지 않는 한 공급률 부족에 따른 부동산 지가 상승은 계속될 것으로 전망된다. 단, 2021년 6월 1일을 기점으로 다주택자의 종합부동산세 부담이 커지기 때문에 이후 종부세 납부 기한인 2022년 6월 이전에는 매물들이 시장에 나올 가능성이 있어 공급률 부족 현상이 다소나마 해소될 것으로 보인다. 2020년 기록을 살펴보면 증여 건수가 역대 최고치를 기록했는데 이것은 다주택자들이 증여 및 매매를 했다는 것을 의미한다.

사람마다 성향이 다 다르듯 일부 다주택자들은 정권 교체가 이루어지면 종합부동산세 부담을 완화해줄 것이라는 기대감을 갖고 있다. 하지만 이 부분은 입법부인 국회에서 법안을 개정해야 바뀌는 문제이기 때문에 당분간은 쉽지 않을 것으로 보인다. 다만 내년에 대선이 있고 최근에 치러진 서울시장, 부산시장 보궐선거에서 여당이 대패함으로써 부동산 규제 완화책으로 표심을 얻으려고 할 가능성이 높다. 단, 여당인 민주당의 지지층이 다주택자 세금 감면을 비판할 확률이 높으므로 1주택자의 재산세 감면 혜택 정도로 완화책이 나올 것으로 전망된다. 즉, 다주택자들을 위한 종합부동산세 완화는 현실적으로 쉽지 않아 보인다. 따라서 현재 버티기에 들어간 다주택자의 매물이 그 시점에 어느 정도 시장에 나올 것으로 예측되며, 이때 적정하다고 생각되는 가격이 급매로 나올 경우 곧바로 매수 타이밍을 잡는 것이 중요하다. 하지만 이와는 별개로 장기적인 관점에서 공급률 부족에 따른 부동산 가격 상승을 차단하기 위해서는 부족한 공급률을 채우기 위한 근본적인 대책 마련이 필요하다.

| 제로금리 시대가 부동산 시장에 미치는 영향 |

2020년 3월, 한국은행은 사상 처음으로 제로금리에 가까운 0.7% 금리를 발표했다. 기존 1.25%에서 0.5%를 인하한 것으로, 0.25%를 한 단계로 보면 2단계를 한 번에 내린 것이다. 그전에 미국의 연준은 금리 0.5%를 인하한 후 불과 10일 만에 1%를 추가로 인하해 2주 만에 무려 1.5%의 금리를 인하했다. 이것은 코로나19로 인한 경제위기가 굉장히 심각하기 때문에 선제방어를 하겠다는 뜻으로 해석된다.

다음 페이지의 그래프를 보면 알 수 있듯이 2008년 금융위기 시기에 우리나라와 미국, 중국은 대대적으로 금리를 인하했다. 이러한 제로금리 정책은 내수 자극을 통한 경기 회복, 기업의 채무 부담 경감, 금융회사들의 부실채권 부담 완화 등 여러 측면에 걸친 효과를 겨냥한 것이라고 볼 수 있다.

◆ 금리

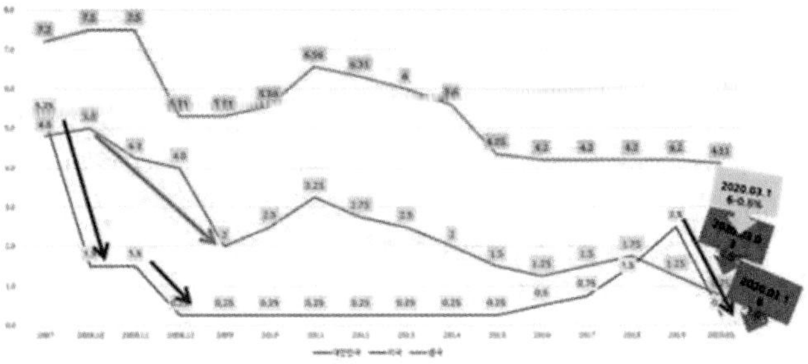

출처: World Bank / 단위: %

한편 아래의 그래프에서 우리나라와 미국, 중국의 GDP 경제성장률을 보면 2008년 금융위기 때 전반적으로 하락했고 2010년경 다시 회복하였으나 전체적으로 하락세를 보이고 있는 것을 알 수 있다. 특히 중국의 경우 2014년에 7% 경제성장률이 깨지면서 현재는 6%대에 머물고 있다.

올해는 IMF가 중국의 경제성장률을 작년 2.3%에서 8.4%로 예측했으며, 미국은 작년 -3.5%에서 올해 6.4%로 예측해 연초보다 높게 상향 조정했다.

◆ GDP 경제성장률

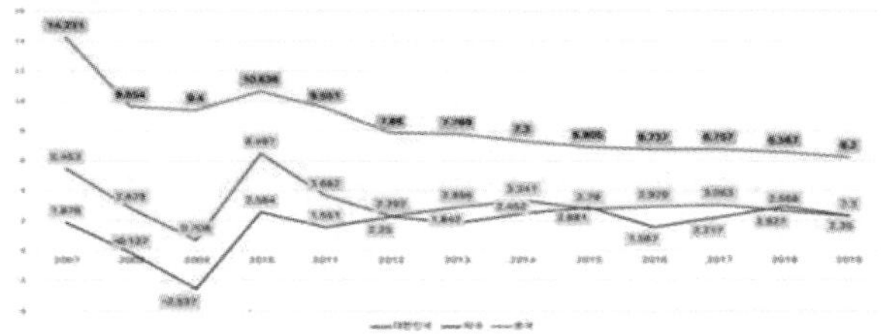

출처: World Bank / 단위: %

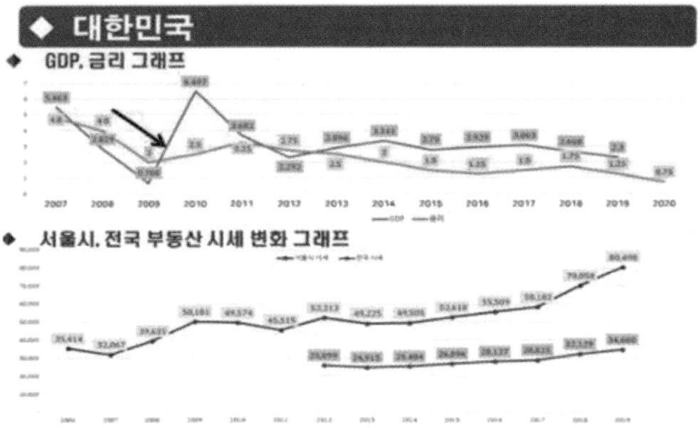

출처: World Bank / 단위: %

그 가운데 우리나라는 금리와 GDP가 유사한 흐름을 보이고 있으며 이것이 부동산에 미치는 영향을 살펴보면 집값이 금리와는 반대로 움직인다는 것을 알 수 있다. 즉, 금리를 낮출수록 집값은 오르는 패턴을 보이고 있다.

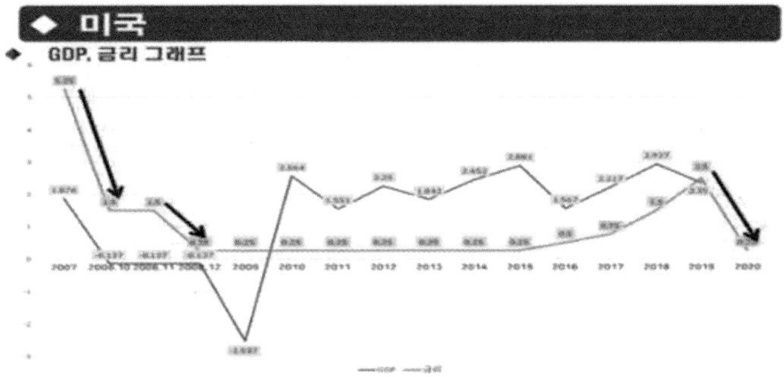

출처: World Bank / 단위: %

한편 미국은 2008년 이후 7년 가까이 0.25% 금리를 유지하다가 2016년을 기점으로 차츰 금리를 인상해왔다. 이와 연동해 우리나라 역시 금리를 인상해야 하는 것 아니냐는 주장이 있었지만 그럴 경우 주택담보대출의 회수가 어려울 수 있고 부동산 가격이 떨어질 수 있다는 우려의 목소리가 커지던 중 2020년, 전 세계를 강타한 코로나19 여파로 현재는 예상치 못하게 반대로 가고 있다.

현재 우리나라 부동자금의 규모는 1,000조 원 수준으로 제로금리 정책으로 부동자금은 언제든지 유동자금으로 흘러갈 수 있는 상황이다. 그렇다면 제로금리 시대에 부동자금은 어디로 향할까? 제로금리와 관련해 몇 가지 경우의 수를 살펴보면, 우선 코로나19발 세계 경제위기가 장기화되고 있는 가운데 수출 의존도가 높은 우리나라가 내수시장만으로 위기 극복이 가능할지 여부를 고려해볼 필요가 있다. 또한 구조조정으로 인한 실업자가 증가하고 있어 이것이 어떠한 영향을 미칠지도 고려되어야 한다.

그 외에 부동자금의 증가와 초저금리 정책이 어떤 흐름을 만들어낼 것인지도 경우의 수에 속한다. 현재는 부동산 시장으로 유입될 거라는 예측이 우세한 상태다.

부동산과 관련한 또 한 가지 경우의 수는 3기 신도시 사업으로 30조 원 규모의 토지보상금이 어떤 식으로 변화를 일으킬 것인지 여부다. 현재는 현금 보유로 갈 수도 있지만 부동산 시장으로 향할 가능성이 높다는 예측이 힘을 얻고 있다.

한편 부동산 가격이 하락할 것이라는 전망도 있는데, 그 이유는 가계대출을 감당하지 못하고 파산하게 되면 주택담보대출과 관련해 영향을 미칠 거라는 데 근거가 있다. 하지만 현 정부가 대출을 규제하고 있어 큰 영향을 미치지는 못할 가능성도 배제할 수는 없다. 또한 서울의 주택 수요 역시 양도세 중과, 자금조달계획서 등으로 다소 줄어든 경향이 있지만 9억 원 이하의 주택 수요는 꾸준히 유지되고 있는 만큼 부동산 폭락이 일어나기는 어려울 것으로 전망된다.

이와 같은 점을 고려해 결론을 내리면, 대출을 과다하게 받아 여러 채에 투자한 경우에는 이런저런 변수의 영향을 받아 위험이 따를 것으로 보이지만 서울권의 경우 어느 정도의 수요는 유지될 것으로 보인다. 단, 코로나19의 여파로 인한 세계 경제위기가 장기화되고 있는 만큼 이러한 부분에 대한 고려도 충분히 이루어져야 하므로 개개인의 환경 및 여건에 맞는 신중한 투자 전략이 어느 때보다 필요한 때다.

| 미국의 경기 부양 정책과 한국의 부동산 시장 |

2020년, 코로나19 팬데믹 현상으로 세계 경제위기가 장기화되면서 전 세계적으로 실업자가 속출하고 있다. 특히 미국의 경우 2020년 4월, 3주간 약 1,680만 명의 실업자가 발생했는데 매년 300만 명 수준의 실업자가 발생했던 이전과 비교해보면 3주 동안 무려 5년 치 실업자가 발생한 셈이다. 그런데 이 시기 미국 증시가 일주일 동안 12.1%의 상승률을 보이면서 세간의 이목이 집중된 바 있다. 실업자가 폭발적으로 증가했음에도 불구하고 증시가 오른 이유는 무엇일까? 그것은 미국 중앙은행인 연준의 이례적인 행보에 답이 있다.

통상적인 경우 은행은 신용도가 낮은 기업이 발행한 채권을 사들이지 않으나, 이 시기 미국 연준은 시장에서 아무도 사지 않는 정크본드까지 사들인다고 발표하면서 매우 파격적인 행보를 이어갔다. 이것은 코로나19 팬데믹 여파로 어려워진 기업들이 줄내도 파산하는 일이 없도록 하겠다는 강한 의지를 보인 것으로 해석된다. 즉, 기업들이 문을 닫지 않도록 적극적으로 지원하겠다는 의미다.

여기에 더해 미국은 실업자가 될 경우 평소보다 더 후한 실업급여를 지급할 계획을 세우기도 했는데 장기적으로 보면 이것은 우리나라에도 영향을 미칠 수밖에 없다. 코로나19 사태가 지속될수록 미국의 경기 부양 정책으로 미국 내 유동자금은 많아질 것이고, 이것은 우리나라나 개발도상국으로 자금이 유입될 가능성을 상승시키기 때문이다. 현재는 예전과는 달리 돈을 찍어내는 시대이고 세계 경제가 서로 밀접하게 연결되어 있는 만큼 미국 내 유동자금이 우리나라로 유입되어 주식이나 부동산 가격 등을 상승시킬 가능성은 충분하다. 게다가 미국 바이든 대통령이 취임 후 2조 달러에 달하는 부양책을 발표해 유동성은 더욱 커질 예정이다.

그렇다면 미국의 경기 부양 정책이 우리나라 부동산 투자자에게 시사하는 바는 무엇일까? 투자자 기준에서 보면 이것은 부동산 시장이 정체기를 딛고 다시 상승할 수 있는 기회가 될 것을 의미한다. 경제 사정이 좋지 않더라도 내가 원하는 매물을 원하는 가격에 살 수 있는지 여부를 생각해 보면 이에 대한 답은 의외로 쉽게 나온다. 국내 경제가 어렵다고 해도 부동산 가격이 내가 원하는 만큼 떨어지지 않는다는 것을 투자를 해본 사람이라면 누구나 알고 있다. 부동산 시장이 위기라고 해도 꼭 위기라고 할 수 없는 이유가 여기에 있다.

부동산 시장에 대한 비관론이 우세하더라도 그 속에는 반드시 기회가 있기 마련이다. 지금은 우리나라뿐만 아니라 해외 주요 국가들의 정책과 유동자금의 흐름을 면밀히 살펴보면서 그 안에서 방법을 찾는 자세가 어느 때보다도 필요한 때다.

부동산 투자,
이것만은 명심하자

| 잘 모르면 부동산 전문가에게 물어봐라 |

4차 산업시대의 가장 큰 특징 중 하나는 원하는 정보를 무한대로 찾아볼 수 있다는 점이다. 특히 스마트폰이 보급된 이후 시간과 장소에 구애받지 않고 실시간으로 정보 검색이 가능해진 점은 현대인들의 일상에 지대한 영향을 미쳤고, 각종 산업 분야에도 막강한 영향력을 발휘하고 있다.

부동산 사업 또한 4차 산업이 낳은 기술력의 영향을 받고 있다. 예를 들면 이전보다 훨씬 높아진 부동산 투자에 대한 지식과 이해도를 들 수 있다. 정보통신기술이 발달하면서 부동산 투자에 대한 지식과 정보가 확산되기 시작했고, 이것은 부동산에 대한 이해도가 상향평준화되는 결과로 이어졌다. 하지만 문제는 범람하는 정보만으로 성공적인 투자를 하기는 매우 어렵다는 점이다. 인터넷 검색을 통해 손쉽게 찾을 수 있는 단편적인 정보에는 깊이 있는 분석력이 부재할 수밖에 없고, 그것은 곧 다양한 변수가 존재하는 부동산 시장에서 효과적인 전략이 될 수 없다는 것을 의미한다.

부동산에 투자할 때에는 입지 조건과 호재, 공급률, 정부 정책, 경제 상황 등을 고려해 종합적인 판단을 해야 하는데 정보 검색이 그런 판단을 대신 해주지는 않는다. 무엇보다 개개인이 투자를 할 때에는 엄청난 경우의 수와 개별성이 존재하는데 개인의 상황과 여건에 들어맞는 투자 전략을 인터넷에서 찾는 것은 불가능하다고 보면 된다.

결국 기본 지식을 얻는 것은 가능하지만 그것만으로는 당연히 충분하지 않으며, 실제로는 적용되는 것이 천차만별로 달라지는 만큼 부동산 전문가의 도움을 받아야 한다는 결론에 이르게 된다. 어떤 전략으로 투자를 해야 할지 확신이 서지 않을 때 전문가에게 물어보라는 이유도 여기에 있다.

수없이 많은 고객들을 상담한 전문가들도 깜짝 놀랄 만큼 부동산 시장에는 너무나 많은 변수가 존재하고, 하나하나의 경우의 수가 어떤 결과를 낳을지 비전문가가 가늠하기에는 당연히 한계가 있을 수밖에 없다. 따라서 부동산 전문가와의 충분한 상담을 통해 투자 전략을 세우는 것이 성공투자로 가는 최소한의 조건이다.

| 원하는 시기에 처분할 수 있는 매물인지 확인하라 |

'싸게 사서 비싸게 판다.'

모든 거래에 적용되는 기본 원리다. 얼마나 싸게 사고 얼마나 비싸게 파는지에 따라 수익률이 달라지기 때문이다. 하지만 부동산 시장에서는 이보다 더 중요하게 생각해야 할 점이 굉장히 많다. 그중 하나가 원하는 시기에 처분할 수 있는 매물인지 여부다.

주식 투자와 부동산 투자를 비교할 때 흔히 부동산은 주식에 비해 환금성이 떨어진다는 이야기를 많이 한다. 물론 클릭 몇 번만 하면 언제 어느 때든 매도할 수 있는 주식과 비교하면 부동산이 환금성이 떨어지는 것은 맞다. 하지만 주식 시장의 변동성과 상장 폐지 등의 변수를 고려하면 부동산 투자 쪽이 더 안전성도 높고 수익률이 크다는 것을 알 수 있다. 환금성이 빠르다고 해서 반드시 높은 수익률이 보장되는 것은 아니라는 뜻이다.

물론 자금 운용의 유동성이 지나치게 낮다면 그 또한 수익 창출에 장애가 되는 것이 사실이다. 그렇기 때문에 원하는 시기에 처분할 수 있는 매물인지 여부가 충분히 고려되어야 하는 것이다. 정부 정책 혹은 시장 상황 때문에 현금화하는 데 장기간이 소요된다면 수익형 부동산으로서는 치명적인 결격 사유로 작용할 수 있다는 점을 알아야 한다.

그렇다면 어떤 매물이 원하는 시기에 처분하기가 좋을까? 수요·공급의 경제 원리로 살펴보면 고정 수요가 확보된 매물이 위험도가 낮다. 즉, 아파트나 오피스텔 단지 내 상가 등 고정 수요층이 상시 확보되어 있는 매물이 환금성 면에서 가장 우수하다. 여기서 조금 더 욕심을 내면 단지 내 주요 출입구 쪽에 위치한 매물이 처분하는 데 가장 용이하다.

| 과유불급, 무리한 대출은 피하라 |

2020년, 정부가 발표한 부동산 대책 중 가장 큰 축을 이루는 요소 중 하나는 '대출 규제'다. 가계 부채가 급증하면서 저하된 금융 건전성을 회복하기 위한 조치라고 볼 수 있다. 하지만 최근 한국은행이 발표한 '금융시장 동향 자료'에 따르면 2020년 11월, 은행의 가계대출 잔액은 10월 말과 비교해 13조 6,000억 원이 불어난 것으로 나타났다. 통계를 작성하기 시작한 이후 가장 큰 폭으로 오른 수치라고 한다.

이 중 주택담보대출이 6조 2,000억 원, 기타 대출이 7조 4,000억 원인데 기타 대출 중 신용대출이 6조 5,000억 원으로 주택 구입 및 전세 자금 수요가 신용대출로 옮겨간 것으로 파악되었다. 집값이 계속 오르는 가운데 정부가 주택담보대출을 규제하면서 신용대출 비중이 커진 것이다.

이처럼 가계 부채의 비중은 정부의 대출 규제에도 불구하고 나날이 커지고 있다. 금융위원회의 발표에 따르면 은행 및 제2금융권까지 포함한 가계대출이 작년 같은 기간에 비해 두 배 상승했으며, 한국은행에서도 '집값 폭등과 가계 부채 급증이 금융 불균형 위험을 누적시키고 있다'는 내용의 보고서를 국회에 제출한 바 있다. 그런데 급증하는 가계 부채의 위험성은 부채가 증가하는 그 자체보다 부채 증가세가 소득 증가율을 크게 앞선다는 점에 있다. 쉽게 말해 돈을 벌어 빚을 갚기가 어려운 상황이라는 이야기다. 여기서 더 심각한 것은 기준금리가 인상될 경우 이자 부담이 커지면서 자칫 금융 부실 상황에 빠지기 쉽다는 것이다.

현재 미국은 2008년 이후 7년 가까이 0.25% 금리를 유지했으나 2016년을 기점으로 금리를 인상하고 있으며, 이에 우리나라 역시 금리를 인상해야 한다는 주장이 제기된 바 있다. 또한 코로나19 여파로 세계 경제위기가 장기화될 조짐을 보이고 있는 가운데 우리나라의 경우 수출 의존도가 높아 내수시장만으로 경제위기를 극복할 수 있는가에 대한 변수도 필수적으로 고려할 필요가 있다. 즉, 금융 부실로 인한 경제위기가 올 가능성을 면밀히 따져봐야 하는 상황이다.

그 밖에 구조조정에 따른 실업자 증가와 부동자금의 이동, 토지보상 30조 원의 향방 등이 부동산 시장에 어떻게 작용할지에 대해서도 충분한 숙고가 필요한 시점이다. 이것은 무리하게 대출을 받아 여러 채에 투자를 하는 것보다 현금을 우선적으로 확보하고 투자 향방을 지켜보는 것이 손실 위험을 최소화할 수 있는 방법이라는 것을 의미한다. 무리한 대출은 파산 위험성을 항상 내포하므로 투자 시 지양할 필요가 있다.

"부동산 시장에 대한 비관론이 우세하더라도
그 속에는 반드시 기회가 있기 마련이다.
지금은 우리나라뿐만 아니라
해외 주요 국가들의 정책과
유동자금의 흐름을 면밀히 살펴보면서
그 안에서 방법을 찾는 자세가
어느 때보다도 필요한 때다."

SUMMARY

1부 결국은 부동산이 이긴다

위기가 곧 기회다

현재 정부는 부동산 가격의 급격한 상승세를 꺾기 위해 매우 강도 높은 규제 정책을 펼치고 있다. 하지만 10년을 주기로 완화와 규제 정책이 반복된 것을 보면 알 수 있듯이 어떤 정부도 강경 일변도의 부동산 규제를 지속할 수는 없다. 그것은 필연적으로 내수 시장에 큰 타격을 입히기 때문이다.

건설 부동산이 아닌 다른 산업 분야를 통해 경기 부양을 하기에는 분명히 한계가 있다. 건설업만 하더라도 하도급, 자재장비업자, 부동산, 식당 등 밑바닥 경제에 미치는 파급력이 광범위하며, 특히 직접적인 낙수 효과로 이어지는 만큼 규제 일변도의 정책으로 부동산 경기가 크게 얼어붙은 상황에서는 다른 산업 분야를 이용한 경기 부양 효과가 제한적으로 나타날 수밖에 없다. 따라서 내수 경기를 살리기 위해서는 부동산 규제를 완화할 수밖에 없으며, 이것이 바로 부동산의 가치가 오를 수밖에 없는 이유다.

역사가 증명하는 '부동산 불패 시대'

문재인 정부는 부동산 시장에 매우 강도 높은 규제를 가하고 있으며 이 정책은 노무현 정부 시절에 도입되었던 규제책이 주를 이루고 있다. 그런데 부동산 시장의 흐름을 살펴보면 노무현 정부 때 시도되었던 규제가 집값 폭등으로 이어졌고 현 정권에서도 그러한 조짐들이 드러나고 있다. 전세 수요 증가가 전셋값 상승으로 이어지고 있는데 이 흐름은 필연적으로 매수 심리 증가로 이어져 집값을 상승시키는 요인으로 작용한다.

우리나라 같은 부동산 시장 환경에서 정부 정책으로 부동산 가격을 인위적으로 조절하는 것은 불가능에 가깝다. 아무리 정부가 강력한 의지를 가지고 규제를 해도 그 규제가 오히려 부동산 가격을 폭등시키기 때문이다.

부동산 투자, 이것만은 명심하자

부동산에 투자할 때에는 입지 조건과 호재, 공급률, 정부 정책, 경제 상황 등을 고려해 종합적인 판단을 해야 하는데 정보 검색이 그런 판단을 대신 해주지는 않는다. 기본 지식을 얻는 것은 가능하지만 실제로는 적용되는 것이 천차만별로 달라지는 만큼 부동산 전문가의 도움을 받아야 한다.

수없이 많은 고객들을 상담한 전문가들도 깜짝 놀랄 만큼 부동산 시장에는 너무나 많은 변수가 존재하고, 하나하나의 경우의 수가 어떤 결과를 낳을지 비전문가가 가늠하기에는 당연히 한계가 있을 수밖에 없다. 따라서 부동산 전문가와의 충분한 상담을 통해 투자 전략을 세우는 것이 성공 투자로 가는 최소한의 조건이다.

PART 2

부동산, '트렌드'를 읽어라

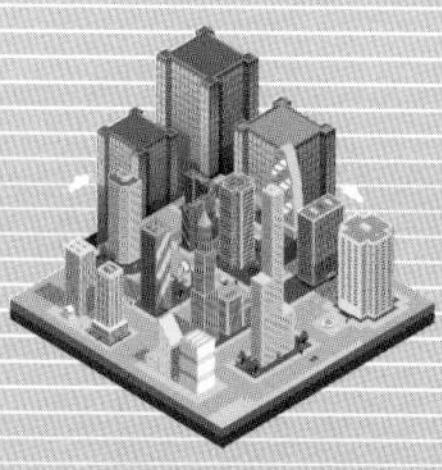

- 부동산 초보가 고수처럼 투자하는 방법
- 평당 '1억' 아파트 시대를 맞이한 '2020년' 부동산 시장
- 대한민국 부동산 1번지 '강남'은 지금?
- 3기 신도시 완벽 분석
- 성공 투자로 이끄는 부동산 투자 비법

부동산 초보가 고수처럼 투자하는 방법

| 관심 있는 매물의 족보를 파헤쳐라 |

모든 일에는 기본이 있듯이 부동산 투자 원칙에도 당연히 '기본'이 있다. 그리고 이 기본 원칙만 잘 지키면 적어도 호구는 되지 않는다. 즉, 초보라도 기본 원칙을 지키면 고수처럼 투자할 수 있다는 뜻이다.

부동산 초보가 고수처럼 투자하는 방법에는 총 일곱 가지가 있다. 그중 첫 번째가 관심 있는 매물의 족보를 파악하는 일이다. 많은 사람들이 잘 알고 있듯이 부동산에는 시세라는 것이 있다. 이 시세가 바로 족보다. 몇 년도, 몇 월, 며칠, 얼마에 거래되었다는 내역이 곧 부동산의 족보다.

이 내역은 국토교통부 실거래가 공개 시스템이나 호갱노노, 네이버 부동산 등에서 한눈에 볼 수 있는데 이때 주의해야 할 점이 있다. 보통은 몇 평대인지와 가격만 보는 경우가 많지만 그 외에 층수와 타입을 함께 봐야 한다. 같은 아파트라도 호수와 타입에 따라 가격 차이가 나기 때문이다. 예를 들면 6층까지는 전망이 안 보이지만 7층부터 전망이 보인다고 하면 7층부터 가격이 오를 수 있다. 또 고층이냐, 저층이냐에 따라 가격 차이가 생기기도 한다.

가격 차이가 얼마나 날지는 시세 내역, 즉 족보를 보면 어느 정도 답이 나오는데 이때 한 가지 더 유의해서 살필 점이 있다. 바로 주변 아파트 현황이다. 입지는 비슷하더라도 지하철역과의 거리나 연식 그리고 세대수에 따라 시세가 달라지기 쉽기 때문에 이러한 부분들을 종합적으로 고려해 판단해야 한다. 하지만 명확하게 판단하기 애매한 경우가 대다수이며, 사실 이 부분에 대해 정해진 답은 없다. 유일한 방법이라면 많은 사례를 보고 검토하면서 보는 눈을 키우는 수밖에 없다.

한편 부동산 족보를 보면 어느 시점부터 갑자기 가격이 상승했는지도 한눈에 볼 수 있다. 예를 들면 10년 동안 오르지 않던 아파트가 한 달 사이에 30%까지 가격이 오른 경우들이 있는데 가격이 급상승할 때에는 당연히 이유가 있기 마련이다. 그리고 투자를 잘하려면 그 이유들을 파악한 뒤 좋은 입지에 가서 미리 안착해 있어야 한다. 시세가 막 오를 때 쫓아가서 사는 것보다 먼저 선점하고 있어야 수익을 극대화할 수 있기 때문이다.

| 전세가 비율 함정에 주의하라 |

생각보다 많은 사람들이 전세가 비율을 보지 않고 매매가만 보고 투자를 한다. 그런데 이것은 자칫 치명적인 패착으로 작용할 수 있다. 매매가가 비슷하더라도 전세가 갭이 적은 매물의 투자수익률이 더 좋기 때문이다.

그렇다면 전세가 갭이 적으면 무조건 더 수익률이 좋을까? 그렇지 않기 때문에 전세가 비율 함정에 주의해야 한다는 것이다. 부동산 투자를 할 때 다른 요인의 영향을 받지 않고 무조건 적용되는 원칙은 없다. 전세가 비율 역시 마찬가지다. 매매가 대비 전세가 갭이 적으면 대체로 투자수익률이 좋은 경향은 있지만, 전세가 갭이 적은 매물만 공략하다 보면 정작 매매가는 오르지 않을 수도 있다.

예를 들면 강남의 경우 전세가 비율이 보통 50% 또는 그보다 더 적은 경우도 있는 반면, 강북의 경우에는 매매가의 80%까지 전세가가 형성되는 경우가 있다. 그런데 이때 전세가 비율만 보고 강남이 아닌 강북에 투자한다면? 십중팔구 매매가가 오르지 않아 낭패를 보기 십상이다. 매매가 상승으로까지 이어질 만한 요인을 충분히 고려하지 않았기 때문이다.

투자 여부를 결정할 때에는 가격 상승에 영향을 미칠 만한 요인을 면밀히 따져보고 경중을 가려 판단하는 안목을 길러야 한다. 전세가 비율의 사례에서도 알 수 있듯이 성공 투자는 어느 한 요인을 충족시킨다고 해서 담보되는 것이 아니며 이 점을 늘 염두에 두어야 한다.

| 어느 정도 올랐으면 더 좋은 매물로 갈아타라 |

최저점에 사서 최고점에 파는 것, 모든 투자자가 가장 원하는 일이다. 하지만 꼭짓점을 잡으려다가 매매가가 순식간에 떨어지는 것은 부동산 시장에서 비일비재하게 일어나는 일이다. 그만큼 가장 값이 쌀 때 사서 가장 많이 올랐을 때 파는 것은 확률상으로도 쉽지 않다는 뜻이다.

특히 부동산 시장은 한번 얼어붙으면 매수자가 움직이지 않기 때문에 최고점을 잡으려다 가격이 하락하면 거래 자체가 쉽지 않다는 맹점도 있다. 따라서 어느 정도 매매가가 상승했다면 더 좋은 매물로 갈아타는 것이 수익 창출 면에서 좋다.

또 한 가지 알아두어야 할 점은 매매가가 막 오르는 시기에는 최저점이라고 할 만한 지점이 없다는 것이다. 많은 사람들이 매매가가 오르기 시작하면 이미 늦었다고 생각하지만 사실 그때라도 사는 것이 이익이다. 그리고 매수한 후에는 이 정도면 많이 올랐다고 생각되면 더 오르기를 기다리는 것이 아니라 매도해야 한다. 그래야 최대한의 수익을 보전할 수 있다.

물론 더 비싼 값에 팔 수 있었다는 아쉬움이 남을 수는 있다. 하지만 조금 더 값이 오르기를 기다리는 것은 초보의 전략이다. 고수들은 어느 정도 수익을 실현했다 싶으면 처분하고 더 좋은 투자처를 물색한다. 이것이 부동산 초보와 고수의 차이점이다.

그렇다면 고수들이 찾는 더 좋은 투자처는 어디일까? 고수들은 주로 서울시 재건축, 재개발의 흐름에 주목한다. 즉, 시장을 리드하는 재건축, 재개발 지역의 매매 건수와 거래 가격이 좋은 투자처를 분별하는 척도다.

좀 더 구체적으로 설명하면 투자자들이 가장 많이 몰리는 곳은 강남권 재건축이다. 그다음이 목동권, 이어 노원구 재건축 아파트 순이며, 강북권은 한남 뉴타운, 성수 전략정비구역, 흑석 뉴타운, 노량진 뉴타운이 있다. 경기권은 서울 접근성이 좋은 역세권의 재건축, 재개발 지역부터 투자자가 몰리며, 이어 신축 아파트와 구축 아파트 등으로 풍선효과가 이어진다. 이들 재건축, 재개발 지역은 전체 부동산 시장의 흐름을 주도한다. 따라서 재건축, 재개발 지역의 매매 건수 및 가격 상승률은 부동산의 전체 흐름을 볼 수 있는 가장 중요한 척도이며, 이 흐름을 볼 줄 알아야 더 높은 수익률을 기대할 수 있다.

개발 이슈, 교통 호재 지역에 주목하라

매매가 상승에 가장 큰 영향을 미치는 요인 중 하나로 개발 이슈와 교통 호재를 들 수 있다. 특히 더블 역세권 또는 트리플 역세권이 될 경우 집값이 큰 폭으로 상승하는데 교통 호재로 인한 집값 상승은 다른 요인들이 다소 불리하더라도 크게 영향을 받지 않는 경향이 있다.

예를 들면 다른 지역에 비해 거주 환경의 쾌적성이 다소 떨어지더라도 교통 호재로 매매가가 상승하는 경우가 있는데, 이런 지역은 어느 정도 가격이 올랐다고 해도 처분하기보다는 보유하는 쪽이 유리하다. 교통이 좋다는 것은 곧 개발 이슈가 생길 가능성이 높다는 뜻이기 때문이다.

특히 초보일수록 개발 이슈와 교통 호재가 강한 매물 위주로 보는 것이 안전하다. 향후 지가를 끌어올릴 수 있는 여력이 강한 만큼 혹시 모를 가격 하락의 위험을 현저하게 줄일 수 있다.

물론 많이 올랐으니 처분하고 더 입지가 좋은 곳으로 옮기면 된다고 생각할 수도 있지만 생각과는 다르게 반대로 가는 경우도 없지 않다. 부동산 가격은 정해진 공식에 맞춰 계산되는 것이 아니라 다양한 변수와 수많은 경우의 수가 작용하기 때문에 지가가 더 상승할 만한 분명한 요인이 있다면 유지하는 것이 좋은 부자 전략이다.

| 호재보다 공급의 힘이 강한지 분별하라 |

개발 이슈, 교통 호재만 있다면 앞뒤 가리지 않고 투자해야 하는 것일까? 유감스럽게도 '무조건'은 아니다. 호재가 있어도 공급률이 높다면 지속적인 매매가 상승을 기대하기 어렵기 때문이다.

예를 들어 지하철 노선 확장 혹은 경전철 개통으로 교통이 좋아져도 근처에 대규모 아파트 단지가 들어서면 매매가가 상승하는 데에는 한계가 있다. 그런 경우 오르는 듯하다가 하락하는 경우가 많으며 개발 이슈, 교통 호재가 있음에도 불구하고 공급량이 많아 매매가가 상승하고 있지 않다면 앞으로도 오르기 힘들다고 봐야 한다. 부동산 시장에서는 호재보다 공급의 힘이 더 강하게 작용하는 법이다.

| 뉴스 팩트 체크는 지자체에 직접 확인하라 |

부동산에 투자할 때 주의해야 할 점은 굉장히 많다. 그중 특별히 더 세심하게 살펴야 할 것이 바로 잘못된 언론보도다. 예를 들면 예비타당성 조사가 진행되고 있는 중에 개발이 확정되었다는 보도가 나올 때가 있는데 이것은 명백한 오보다. 문제는 이 오보 하나를 보고 투자하는 사람들이 굉장히 많다는 것이다.

뉴스는 기본적으로 정확한 사실만을 담아야 하지만 여러 가지 이유로 잘못 전달될 수도 있다. 그런데 부동산에 대한 오보는 오보 그 자체보다 피해 규모가 크다는 것에 문제의 심각성이 있다. 사실관계를 잘못 알아 그릇된 판단을 한 것 치고는 큰 부담을 감당해야 하기 때문이다. 그래서 부동산에 대한 언론보도는 늘 팩트 체크를 하는 습관을 들여야 한다.

그렇다면 어떻게 팩트 체크를 해야 할까? 답은 관련 지자체와 정부 부처에 있다. 언론보도는 어디까지나 참고만 하고 정확한 사실관계는 관계 부처에 직접 확인하는 것이 가장 안전하다. 오보로 인해 큰 피해가 발생해도 언론은 그에 대해 책임지지 않기 때문이다.

비과세 요건, 절세 혜택 확인은 필수다

마지막 일곱 번째는 비과세 요건을 충족하는지 확인하는 일이다. 앞에서 열거한 여섯 가지 방법을 동원해 투자한 결과, 매매가가 많이 상승했다고 하더라도 막상 팔려고 하면 생각보다 세금이 많이 나오는 경우가 부지기수다. 따라서 비과세 요건에 대해 잘 파악해야 하는데 비과세 혜택을 받을 때 가장 중요한 것은 거주요건이다. 거주요건에 따라 세율이 달라지기 때문이다.

특히 일시적 1가구 2주택인 경우 비과세 요건의 충족 여부에 따라 과세되는 세금이 크게 달라지므로 비과세 요건에 대해 정확하게 알고 요구되는 조건을 충족하는 것이 무엇보다 중요하다. 비과세 혜택을 받을 때 가장 중요한 점은 정해진 기한을 준수하는 것이다. 매매가가 상승해 욕심을 부리다 세금 감면 기한이 초과되면 시세 차익의 절반을 세금으로 내야 하는 불상사가 생길 수 있기 때문이다. 또한 일정 기간 이상을 거주해야 비과세 혜택을 받는 경우도 있으므로 세금 관련 사안을 정확히 파악하고 숙지해야 부주의로 인한 불이익을 방지할 수 있다.

평당 '1억' 아파트 시대를 맞이한 '2020년' 부동산 시장

3.3㎡당 1억 원 시대

바야흐로 평당 '1억 원'짜리 아파트 시대가 도래했다. 강남에 위치한 34평 아파트가 37억 2,000만 원, 24평형 아파트가 25억 원에 거래된 사실은 우리가 아파트 한 평 가격이 '1억 원'을 호가하는 시대에 살고 있다는 것을 말해준다. 특히 신축뿐만 아니라 구축도 평당 1억 원을 찍었는데 최근 압구정 현대아파트 80평형이 최고가인 80억 원에 거래된 바 있다.

기회비용 측면에서 보자면 평당 1억 원이라는 가격이 타 지역에 비해 비싸 보일 수는 있다. 하지만 가까운 중국만 보더라도 상해 강가 주변의 아파트가 평당 1억에서 1억 3,000만 원의 가격이 형성되어 있다. 그것도 벌써 3년 전의 일이다.

더 눈여겨볼 점은 우리나라의 1인당 GDP가 3만 불인 것에 반해, 상해

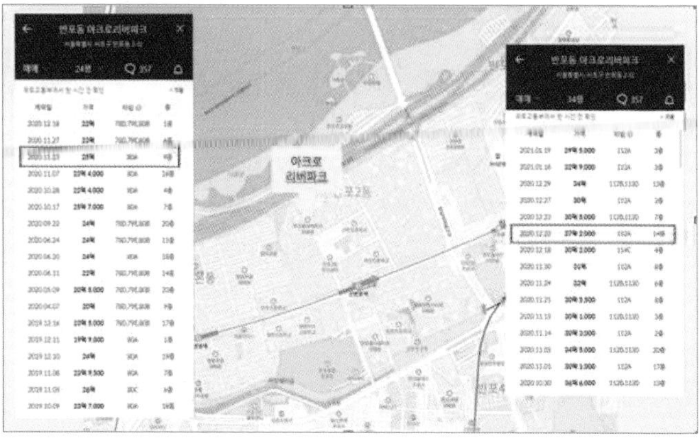

출처: 호갱노노

와 베이징은 1인당 GDP가 1만 7,000불 수준이라는 것이다. 소득 수준이 낮은 나라의 도시 평당 가격이 우리보다 높게 형성되어 있는 이유는 무엇일까? 그것은 우리나라의 부동산이 소득 수준에 비해 저평가되어 있기 때문이다.

또 다른 이유는 소득의 양극화가 심할수록 평균 GDP에 비해 가치가 높은 부동산에 자금 쏠림 현상이 일어나기 때문이다. 현재 코로나19의 여파로 소득 양극화는 더욱 심해진 상태이며 앞으로 우리나라 역시 미국, 홍콩 등 소득 수준이 높은 나라들만큼 아파트 가격이 더욱 상승할 것으로 전망된다.

한편 5년 전에는 대만 타이베이 정재계 인사들이 사는 250평 아파트가 500억 원에 거래되었다. 평당 2억 원이다. 심지어 홍콩의 경우 평당 2억에서 5억 원까지 가는 아파트도 있다. 반면 홍콩의 방 세 개짜리 매물 중에는 우리나라보다도 훨씬 더 좁고 방 하나는 고시원 수준인 매물도 있다. 참고로 홍콩은 우리나라보다 소득 수준이 훨씬 높다. 그렇기 때문에 평당 1억 원이라는 시세가 어떤 측면에서 보면 비싸다고 볼 수 없는 여지도 있다. 다만 이 책에서 부동산 정책을 논할 것은 아니기 때문에 앞으로 부동산 시세를 어떻게 안정시킬 것인지에 대해 초점을 맞추고 살펴보도록 하겠다.

현재 정부는 폭등하는 부동산 가격을 잡기 위해 고강도의 규제책을 내놓고 있다. 하지만 이 정책은 성공 가능성이 매우 낮은 단기적 처방에 그칠 확률이 높다. 자유민주주의 체제에서 규제는 한계를 가질 수밖에 없기 때문이다.

그러면 어떻게 해야 집값을 안정시킬 수 있을까? 중장기적으로 보면 고용 창출에 답이 있다. 수요·공급의 원리로 돌아가는 부동산 시장을 안정시키려면 1차적으로 인구를 분산시켜야 한다. 인구가 몰리는 곳은 집값이 뛸 수밖에 없기 때문이다. 인구를 분산시키려면 고용 창출만큼 효과적인 방법은 없다. 일자리가 있는 곳에 사람이 몰리는 법이다.

좋은 예로 미국 샌프란시스코에 위치한 실리콘밸리를 들 수 있다. 실리콘밸리에는 구글 등 세계적인 기업이 위치하고, 근방에는 스탠포드 대학과 같은 세계적으로 명망 높은 대학이 들어서 있다. 고용 창출에 최적의 조건이 갖춰져 있는 셈이다. 그렇게 학교와 기업을 주축으로 개발하되, 나라에서는 대기업에 세제 혜택을 주고 대학에는 장학금을 주는 정책을 병행한다면 시너지 효과를 낼 수 있을 것이라고 본다.

물론 기업과 대학이 한 번에 지방으로 가기에는 힘든 측면이 있을 것이다. 따라서 서울과 가까운 경기도권에서부터 시도하며 점진적으로 확대

해나간다면 반대 의견이 있을지언정 임시방편으로 과세하고 대출 규제를 하는 것보다 좀 더 수월하게 집값 안정화를 이룰 수 있을 것이다.

| 갈 곳 잃은 유동자금 1,000조 원 |

"지금 사야 돼요? 말아야 돼요?"

상담할 때 사람들이 가장 많이 물어보는 말이다. 이 질문의 이면에는 빚을 져서라도 사야 되느냐는 의미가 담겨 있다. 답은, 사야 할 때는 '빚을 져서라도 사야 한다'다. 부동산 거래에는 '타이밍'이란 것이 있기 때문이다. 물론 빚을 져서라도 사야 하는 지역도 따로 있다.

단, 살 때 사더라도 철저한 계획은 필수다. 집을 산다는 건 마트에서 생수 사는 것과는 엄연히 다른 법이다. 하지만 현재 정부가 강도 높은 규제책을 연달아 내놓으면서 부동산 시장이 위축되는 조짐을 보이고 있다. 집값 하락에 대한 우려 때문이다. 사상 유래 없는 고강도 규제가 이루어지고 있다 보니 지금 사야 될지, 조금 더 기다려야 할지 판단하기 어려운 것도 무리는 아니다.

특히 2020년 8월 10일, '민간택지 분양가 상한제' 도입이 발표되면서 투자 심리가 위축되고 있다. 지난 2007년, 노무현 정부 때 분양가 상한제가 처음 도입된 이후 이듬해인 2008년에 집값이 하락했기 때문이다. 더구나 현재 문재인 정부에서 재시도되고 있는 민간택지 분양가 상한제는 참여정부 시절에 도입된 분양가 상한제보다도 강도 높은 적용이 이루어지고 있다. 통상적인 경우 관리처분인가를 신청한 시점을 기준으로 분양가 상한제를 적용하는 것이 일반적이지만, 현재의 부동산 규제 정책은 소급 적용이 이루어지고 있다. 그것도 무려 151개 단지가 적용 대상이다. 과거를 기준으로 하자면 적용 대상이 아닌데도 소급 적용을 하다 보니 아주 많은 단지가 대상에 포함되었다.

그 외에도 정부는 양도세·보유세 증세와 대출 규제, 분양가 전매 금지 등 다양한 규제책을 내놓고 있다. 그런데 아이러니하게도 정부의 의도와는 다르게 집값이 오르고 있다. 그에 대한 대책으로 재개발·재건축 사업을 원천적으로 막으려는 시도를 했지만 서울의 중심에는 공공택지가 적어 공급량이 부족해지자 민간택지 분양가 상한제를 도입하기에 이르렀다. 일반 분양가를 낮출 경우 아무래도 사업 진행 속도가 늦어지기 때문에 어쩔 수 없이 사업을 진행해야 한다면 무주택자들에게 큰 이익을 주려고 도입한 정책이 '민간택지 분양가 상한제'다.

한편 정부는 민간택지 분양가 상한제를 일부 지역에만 적용한다는 방침을 발표했지만, 사실상 인구가 몰리고 집값이 오르는 지역은 대부분 해당된다고 보면 된다. 그런데 전문가들은 분양가 상한제를 도입한다고 하더라도 시간이 지난 이후에는 결국 다시 오를 거라고 예상하고 있다. 참여정부 시절, 민간택지 분양가 상한제를 도입한 후 이듬해인 2008년에 주택 공급이 갑자기 줄어들자 2014년에 재건축 규제가 풀렸기 때문이다. 물론 이때 전 세계적으로 금융위기가 닥치면서 부동산 경기까지 영향을 미쳤다는 분석도 있다.

그렇다면 현시점에서 정부가 도입한 민간택지 분양가 상한제가 집값을 잡을 수 있을까? 결론부터 말하자면 단기간 동안 약간의 효과는 낼 수 있겠지만 장기간 가격 하락으로 이어지기는 힘들다. 그 이유는 시중에 유동자금이 아주 풍부하기 때문이다. 더구나 지금은 초저금리 시대이다 보니 특정 지역에 인구가 몰려 부동산 가격이 오르고, 조금이라도 호재가 있는 지역이라면 부동산에 투자하려는 사람들이 넘쳐나고 있다. 이런 상황에서 분양가 상한제가 적용되면 장기적으로 일반 분양 물건이 줄어들 수밖에 없고, 그것은 공급률의 하락으로 귀결된다. 분양가 상한제를 적용할 경우 당연히 수입이 줄어들어 대다수의 건설사들이 사업을 지연시킬 것이 자명하기 때문이다.

그다음 수순은 공급 부족에 따른 집값 폭등 현상이 전개될 것이다. 공급이 부족할수록 사람들의 매매 심리는 커지기 마련이고, 그러다 보면 대기자는 많은데 공급은 안 되니 새 아파트와 더불어 기존 주택 가격까지 오르는 상황이 초래되기 쉽다. 또 한편에서는 청약 가점이 높은 사람들이 몰리면서 이른바 로또 아파트가 등장할 것이고, 이때 당첨이 되지 않은 사람들의 상대적 박탈감까지 덤으로 얹어진다.

분양가 상한제에 따른 사회 혼란은 이뿐만이 아니다. 현재 재건축 사업의 경우 재건축정비구역 지정 이후 사업시행인가가 완료된 곳이 총 107곳, 7만 4,000가구에 달하며 재개발은 48곳, 8만 4,000가구인데 분양가 상한제가 적용되면 적용되는 가구수가 서울에서만 16만 가구가 된다. 이 중 널리 알려진 단지들은 조합원의 분담금이 어느 정도 정해진 상태임에도 정부에서는 법으로 정해진 것이 아니라는 이유로 조합원들의 이익을 제한할 계획을 세우고 있다. 이에 재건축 조합에서는 헌법 제정까지 주장하고 있어 민간택지 분양가 상한제를 둘러싼 사회 혼란이 심각하게 우려되고 있다.

2차 전세 대란 오나? 집값 또 오른다?

최근에 또다시 전세가가 폭등하고 있다. 2차 전세 대란이 오는 게 아닌가 하는 뉴스들도 나오고 있다. 그럼 1차 전세 대란은 언제였을까? 작년에 임대차 3법(계약갱신청구권, 전월세 상한제, 전월세 신고제) 중 2법(계약갱신청구권, 전월세 상한제)이 먼저 출발하면서 집주인들의 실거주가 늘어나다 보니 전세가가 많이 올랐다.

그런데 최근 들어 또 전세가가 폭등하고 있다는 기사가 나오고 있다. 전세가가 얼마만큼 폭등하고 있는지, 그 이유는 무엇이고 앞으로 어떻게 될 것인지에 대해 한번 살펴보자.

동작구 아크로리버하임은 반포 바로 옆이다. 지금 동작구나 강남구, 송파구, 서초구가 많이 오르고 있다. 그중 특히 동작구가 많이 오르는 이유는 바로 옆 동네에 위치한 반포주공이 이주를 하고 있는데 3,700여 가구의 대단지다. 아크로리버하임은 동작구의 대장주라고 할 수 있다. 4년차에 1,000세대 정도 되고 9호선 흑석역하고 굉장히 가까운 초역세권이다.

동작구에서는 흑석 뉴타운 개발이 계속 진행되고 있다. 전용 84제곱미터의 전세가가 5월까지만 해도 10억 5,000에 거래가 되었는데 6월 들어서면서 13억, 13억 3,000으로 계속 오르고 있다. 물론 지금 전세가는 같은 단

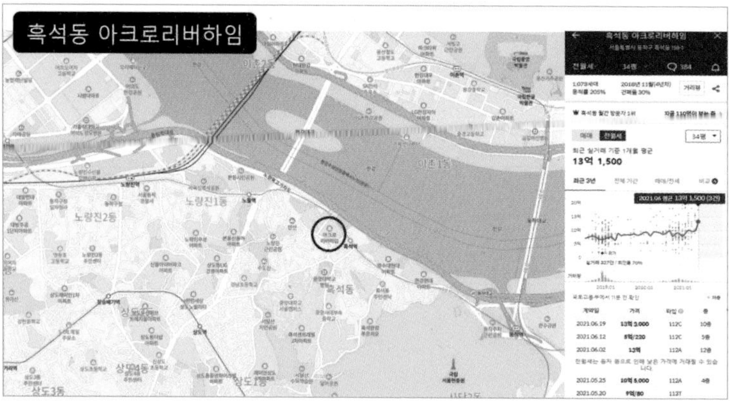

출처: 호갱노노

지 안의 같은 평형대라도 천차만별이다. 임대차 3법에 따라 계약을 갱신할 때 5% 이상 올릴 수가 없기 때문에 그 정도 선에서 낮은 가격에 형성이 되고, 또 새로운 계약을 하는 것은 현 시세대로 가기 때문에 이 격차가 굉장히 커지고 있다. 그럼에도 불구하고 전세가가 굉장히 높아지고 있는 것이다. 물론 현 시세가 높아지고 있으니까 새로 갱신하는 것은 굉장히 높아질 수밖에 없는 것이다.

위의 그래프를 보더라도 최근에 시세가 급격하게 올라가는 모양새를 보이고 있다는 것을 알 수가 있다. 또 반포주공 바로 옆의 래미안퍼스티지 같은 경우도 2,500여 세대인데 52평형이 1월에 23억 하던 게 34억(2021년 6월)까지 거래가 되고 있다. 무려 10억 원, 서울 외곽의 웬만한 아파트 30평대 한 채 값이 올라간 것이다. 전세가가 34억이다.

3개월 전(2021년 3월)에 비해 전세 매물이 증감(늘어나고 줄어드는)하는 추세를 보면 1위는 바로 동작구 -41%로 감소했다. 2위는 강서구 -39%, 3위

출처: 호갱노노

는 마포구 -35%, 4위는 강동구 -35%, 은평구 -34.7%다. 1개월 전(2021년 5월)에 비해 마포구가 24.5%로 많이 감소했다. 전세 매물이 감소한 수치를 보면 용산구가 2위, 동작구, 영등포구, 은평구 순이다.

마포구나 동작구가 서울에서 중심권의 영향을 바로 받을 수 있는 입지다. 동작구도 반포와 가깝고, 마포구도 용산과 가까우면서 미디어센터들이 많이 있는 곳이라서 일자리가 많기 때문에 중심권의 근접한 지역이라고 볼 수 있다.

보름 전(2021년 6월 초순)과 비교했을 땐 동작구가 1위로 다시 올라섰다. 그다음 마포구, 관악구가 또 올라섰다. 은평구, 용산구도 올라섰다. 반포주공이 굉장히 비싼 아파트이지만 재건축을 앞두고 있는 아파트의 전세시세가 굉장히 저렴하기 때문에 그 시세에 맞춰서 가다 보니까 관악구까지 흘러갔을 수 있다. 관악구가 2호선 라인이기 때문에 20~30분이면 전철을 타고 강남권에 접근할 수 있다.

은평구와 용산구의 전세 매물이 많이 감소하는 이유는 반포주공이 이전하는 이유도 있고, 임대차 3법 때문이기도 하다. 이에 실거주하는 집주인들이 늘어나고 있다. 그다음 종부세라든지 여러 가지 부동산 세금이 올라감에 따라 반전세나 월세로 전환하는 수요가 조금씩 늘어나는 영향도 있다. 이런 영향 때문에 전세 매물이 계속해서 줄어들고 있다.

전세 매물이 줄어들다 보면 전세가가 오르고 전세가가 오르다 보면 또 갭투자가 늘어날 수 있다. 전세가가 올라가다 보면 돈을 좀 더 합해 집을 사는 실수요자가 늘어날 수 있다. 그렇기 때문에 앞으로 집값이 또 올라가지 않을까 하는 우려가 나올 수 있는 것이다.

요즘 30대들은 앞으로도 집값이 떨어질 것 같지 않다며 영끌을 해서라도 집을 사려고 한다. 특히 서울의 입주 물량이 계속해서 줄어들고 있고, 대선을 앞두고 여러 가지 개발 공약들이 나오다 보니까 수요가 많아지고 있는 것이다.

전세 매물 증감 변화

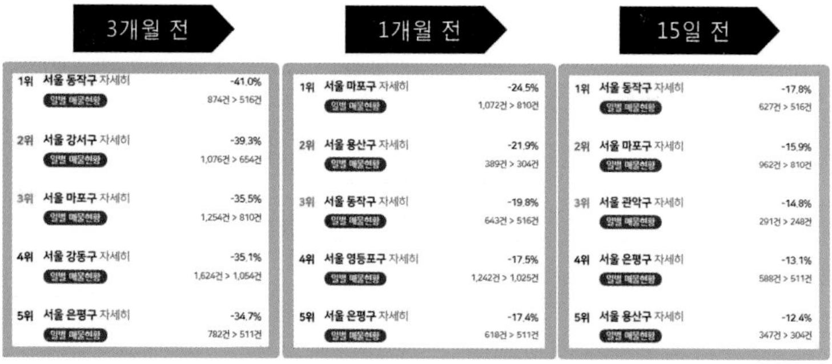

출처: 아실

거기에 3기 신도시 사전 청약과 본 청약을 준비하는 대기자들이 매년 전월세에서 매매로 내 집 마련을 하는 일정 비율을 낮추고 있는 영향도 있다. 본 청약 시기인 2023년까지 전세에 머무는 수요와 본 청약까지 청약에 당첨되더라고 입주 때까지 무주택 요건을 갖춰야 하기 때문에 그 어느 때보다 전세의 수요는 꽤나 긴 시간 동안 많을 수밖에 없는 환경인 셈이다.

정부에서는 3기 신도시 입주를 2025년이라고 발표했지만 토지 보상 진행 상황이나 그동안의 신도시 입주 완료 시기를 비교해본다면 빨라야 2027~2028년이 될 것이기 때문에 전세가를 잠재우기는 쉽지 않을 것이다. 내 집 마련 여건이 되는 수요도 3기 신도시 청약에 떨어지고 집값이 더 치솟는다면 엄청난 후회에 직면하며 사회적으로 큰 문제가 될 수 있는 것이다.

| 2021 부동산 전망_ 전세가가 오르는 4가지 이유 |

현 정부 들어 가장 많이 장려한 부동산 정책 중 하나가 주택임대사업자였다. 주택임대사업자로 등록하는 사람들이 전용 85㎡ 이하, 공시가격 6억원 이하의 요건을 갖출 경우 조정대상지역 내 양도세 중과 배제, 장기보유 특별공제, 종부세 합산 배제 등 많은 혜택을 줌으로써 정부는 전월세 시장 통계 확보 및 소득 투명화를 통해 세수를 거둘 수 있는 길을 열었다. 하지만 정부의 긍정적인 계산과는 달리 주택을 매수해 임대사업을 하려는 수요가 급증하고 단기임대는 4년, 장기임대는 8년이라는 의무기간을 준수해야 하는 규정이 생기면서 공급 측면에서는 매물 잠김 현상이 나타나게 되었다. 즉, 매수 수요는 많은 상태에서 공급이 묶여 집값이 오르는 상황이 된 것이다.

그러자 정부에서는 임대사업자에게 주었던 세제 혜택을 축소시키고 단기임대주택(4년) 제도 폐지, 장기임대주택(8년) 제도 중 아파트는 주택임대사업 등록 대상에서 제외시켜 추가적으로 주택임대사업을 하려는 수요를 감소시켰다. 이는 대부분의 갭투자가 아파트에서 이루어졌다고 판단해 이를 제재하기 위한 조치였다.

그러는 한편 기존에 등록한 주택임대사업자에게는 의무 임대기간의 절반에 해당하는 기간이 지난 후 말소를 해도 종전의 세제 혜택을 그대로 유지해줌으로써 의무 임대기간 동안 잠겨 있는 매물을 시장에 내놓도록 정책을 선회했다. 하지만 임대기간을 다 채운 후 가까운 미래에 시세 상승에 따른 혜택을 받으려는 수요가 많아 결과적으로 집값을 안정시키는 효과는 미미한 것으로 판단되고 있다.

또 다른 한 가지는 2018년 4월부터 다주택자에게 양도세를 중과한 것이다. 다주택자 양도세 중과는 2017년부터 예고된 바였고, 이것은 2018년 4월 이전에 다주택자들이 주택을 팔게 해 무주택자들이 사게끔 하기 위해 시도된 정책이었다. 하지만 다주택자들은 매물을 내놓지 않았고 이로써 장기전으로 접어들었다. 그러다 보니 자연히 매매할 수 있는 매물이 적어졌고, 전세 수요가 매매로 돌아설 수 있는 기회는 줄어들다 보니 역으로 전세 수요가 더 늘어나 전세가를 상승시키는 요인이 되었다.

이후 집값이 계속 오르자 정부는 3기 신도시 계획을 발표했고 이후 전세에서 매매로 돌릴 수 있는 수요, 즉 매매 수요는 감소했다. 3기 신도시 입주가 시작되기를 기다렸다가 청약을 넣겠다는 수요가 늘어났기 때문이다. 이 또한 전세 수요의 증가를 가져와 전세가를 상승시키기에 이르렀다.

그 밖에 최근 실시한 민간택지 분양가 상한제 역시 전세가를 올리는 요인으로 작용했다. 특히 경기도 광명이나 하남, 과천까지 분양가 상한제 적용 대상에 포함시키면서 청약 대기자가 많아지는 결과로 이어졌다. 가점이 많은 사람들의 경우 지금 일반 매매로 집을 사는 것보다 좀 더 기다리다 청약을 받겠다는 수요가 늘어났기 때문이다. 이후 매매로 전환하지 않고 전세에 머무는 수요가 많아지면서 전세가가 상승하는 결과로 나타났다.

민간택지 분양가 상한제 외에도 실거주요건이 강화된 장기보유 특별공제 역시 전세가를 올리는 요인으로 작용했다. 기존의 장기보유 특별공제는 9억 원 이상의 매물을 양도할 경우 장기보유 특별공제를 통해 세제 혜택을 주는 제도였지만, 2021년부터는 2년 거주라는 요건을 지켜야 하는 것으로 정책이 바뀌면서 임대가 아닌 직접 거주하는 수요가 늘어나기에 이르렀다. 이 또한 임대 매물을 감소시켜 전세 공급을 줄이는 요인으로 작용해 결과적으로 전세가 상승을 가져왔다.

마지막으로 계약갱신청구권, 다시 말해 2년 전세 계약 후에 재계약하는 기존의 시스템이 아니라 임차인 요구 시 2년을 더 살 수 있는 이 요건이 제대로 충족될 경우 자동적으로 전월세 상한제가 적용된다. 즉, 전세가를 크게 올리지 못하며 그로써 단기 임차에 대한 공급이 감소하는 결과가 초래되었다.

이러한 추세가 반복될 경우 단기 임차 역시 공급 감소 현상이 일어나게 되고, 의도가 어찌 됐든 전세 공급을 늘리는 것이 아닌 감소시키는 결과로 이어져 전세가가 고공행진하는 현상이 발생하게 되었다. 이렇게 되자 최근 2~3년 동안 급상승하던 매매가를 전세가가 따라붙는 지경이 되었고, 이것은 다시 투자자들의 심리를 자극하는 결과로 이어져 전세가가 상승한 것으로 분석된다.

대한민국 부동산 1번지 '강남'은 지금?

| 호재를 살피면 매수·매도 타이밍이 보인다 |

'대규모 개발이 계획된 지역은 고강도 부동산 규제에도 별다른 영향을 받지 않는다'는 말이 있을 만큼 개발 호재는 부동산 시장을 활성화하는 데 매우 긍정적으로 작용한다. 특히 입지 조건이 좋은 지역일수록 개발 호재로 인한 급격한 지가 상승효과를 기대할 수 있는데, 현재 개발 계획이 발표된 정보사 부지가 좋은 예다. 바이오, 정보통신, 금융, 스타트업 업체가 들어서 4차 산업혁명 클러스터가 구축될 예정인 이 부지는 좋은 입지 조건에도 불구하고 랜드마크가 될 만한 시설이 상대적으로 적은 방배동 일대에 강한 호재가 될 것으로 보인다.

특히 서초역 주변으로 업무 복합단지가 들어서는 만큼 15층 이하 사무실을 많이 지을 것으로 예상되며, 이에 대대적인 사옥 유치가 이루어질 예정이다. 더불어 많은 일자리가 창출되고 4차 산업시대의 흐름에 따라 서로 다른 직종들의 협업이 활발히 이루어지면서 높은 연봉의 직장인이 증가할 가능성이 높은 만큼 지역 상권의 활성화가 기대되며 그로 인한 건물 가격 상승도 충분히 예상된다.

한편 대규모의 복합 업무 단지가 들어서면서 서초구 주변 지역의 주택 수요 역시 증가할 가능성이 매우 높다. 특히 1인 가구 및 신혼부부 등을 위한 주택 수요가 급격히 상승할 것으로 보인다. 약 1만~1만 2,000명 정도의 직장인이 새로 유입될 것으로 예상되는 만큼 그중 3,000명 정도만 서초구 주변에서 주택을 구한다고 봐도 공급 대비 수요량이 훨씬 많기 때문에 가격 상승 여력도 충분한 상태다. 따라서 서초역 일대를 중심으로 오피스텔 및 도시형생활주택, 다세대, 연립, 신축, 구축에 이르기까지 구분 없이 투자한다면 상당한 수익을 거둘 가능성이 높다. 단, 업무 단지가 완공되어 주택 수요가 증가하는 2023년 이후보다는 사전에 먼저 투자하는 것이 수익을 극대화시키는 데 유리하다. 따라서 2023년 이후가 아닌 2021년부터 2022년 사이가 투자 적기인 것으로 판단된다.

| 강남은 넓고 개발할 곳도 많다 |

우리나라에서 아파트 가격을 선도하는 지역은 단연 강남이다. 강남에는 매매가가 15억 원이 넘는 아파트가 많다 보니 주택담보대출이 안 돼 현금으로만 구입해야 한다는 단점이 있다. 하지만 그럼에도 강남은 대한민국에서 가장 투자가치가 높은 지역이며, 강남에 위치한 아파트 가격은 지금도 상승하고 있다.

그런데 강남의 아파트 가격은 왜 오르는 것일까? 결론부터 말하면, 강남을 중심으로 인구가 꾸준히 유입되기 때문이다. 우리나라는 대부분의 업무지구가 강남에 밀집되어 있어서 직장인이 지속적으로 증가할 수밖에 없다. 그것은 주택 수요가 커진다는 것을 의미하지만 공급량은 부족한 탓에 경제 논리에 따라 가격이 오를 수밖에 없는 것이다. 특히 2021년에는 강남권을 중심으로 한 개발·교통 호재가 계획되어 있어 강남 일대의 부동산 가격 상승은 앞으로도 이어질 전망이다.

현재 삼성동에서는 2027년 말 완공을 목표로 삼성역 사거리와 코엑스 사거리 사이 600m 구간의 지하에 연면적 16만 평, 지하 7층 규모에 달하는 광역복합환승센터를 조성하는 '영동대로 지하화 사업'이 진행되고 있다. 국토교통부 발표에 따르면 다섯 개의 철도교통 환승공간과 공공상업공간으로 구성될 예정이다. 여기에 더해 삼성역 근방에 GTX-A노선, C노선 공사가 진행되고 있어 기존의 코엑스보다도 더 큰 규모의 지하상업시설이 들어설 예정이다. 따라서 주택 수요 역시 영향을 받을 수밖에 없으며, 수요·공급의 경제 원리에 따라 삼성동 일대의 집값이 상승할 여지는 충분하다.

그 밖에 SRT가 개통된 수서 역세권의 개발이 진행되고 있는 한편, 근방의 문정법조타운 역시 준공을 목전에 두고 있다. 또한 2판교와 3판교 테크노밸리를 이은 양재 우면 R&CD 특구 개발이 지속적으로 건의되고 있는 만큼 개발이 이루어진다면 강남권에 또 하나의 산업단지가 생길 것으

영동대로 지하화 사업 관련 조감도

로 볼 수 있다. 특히 양재역 근방은 GTX-C 노선과도 겹치므로 개발이 이루어질 경우 양재 역세권 역시 부동산 수요가 상승해 가격이 오를 여지가 충분하다고 볼 수 있다.

한편 강남구는 KTX 수서 역세권 개발을 추진하면서 복합환승센터 외에도 업무, 호텔, 공연장, 쇼핑몰 등의 편의시설을 유치해 지역 경제를 활성화하고 그간 지역 현안으로 대두되었던 세곡지구 교통 여건 개선을 위해 밤고개로 확장, 위례-신사선 지선 신설 등의 사업을 추진하고 있다. 이에 교통 대책 마련 및 기반 시설 확충에 힘입어 부동산 가격 역시 오름세를 보일 것으로 전망되고 있다.

한편 또 다른 대규모 개발로 현대차에서 조성하는 글로벌 비즈니스센터와 잠실 종합운동장 리모델링 건설 사업이 있다. 이 사업이 진행되면서 송파구 일대에는 직장인들만 약 4만 명 이상 늘어날 것으로 추산되는데, 이것은 곧 주택 수요가 급격히 상승할 가능성이 높다는 것을 의미한다.

수서 역세권 개발 구상안

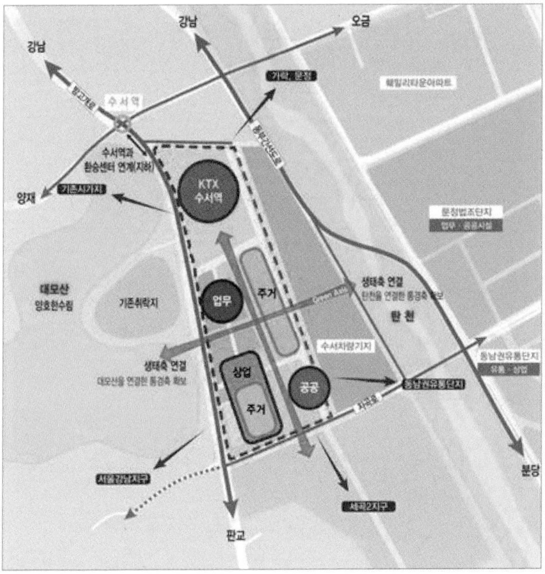

강남구, 수서 역세권 복합개발 조감도

단, 최근에도 강남권 아파트들이 오름세를 보이고 있는 만큼 강남구와 서초구 근방의 아파트는 2020년 잠실동, 삼성동, 청담동, 대치동이 토지

거래허가구역으로 묶이고 오세훈 서울시장 취임 이후 압구정, 목동, 성수동, 여의도가 토지거래허가구역으로 묶여 실거주 목적이 아닌 이상 사실상 매수가 안 되고 계속해서 시세가 상승한다면 토지거래허가구역이 추가적으로 묶일 수 있어 단기적인 자금 계획보다는 중기 이상의 자금 계획도 예상을 하고 향후 계획을 잘 세워야 할 듯하다. 만약 전세를 끼고 매매를 할 경우에는 이전보다 높은 금액의 실투자금이 필요하다는 것을 염두에 두어야 한다.

한편 강남 아파트의 가격 상승 여파로 강남권 소형 주택의 투자가치가 상승하고 있다. 그 이유는 자금력이 부족한 강남권 직장인들이 아파트 대신 강남에 위치한 소형 주택에 몰릴 가능성이 크기 때문이다. 실제로 예전에는 다세대주택의 가격이 오르지 않는다는 통념이 있었지만 현재 강남, 서초, 송파 지역의 다세대주택 매매가가 상당히 오르고 있다. 2021년 들어 서울은 5개월 연속 연립다세대 거래량이 아파트 거래량을 앞지르고 있다. 아파트 가격이 너무 비싸 상대적으로 저렴한 다세대주택의 매수가 증가했고 정부가 추진하고 있는 공공재개발, 공공주도도심개발 등이 빌라 매수를 증가시킨 요인으로 볼 수 있을 것이다.

이 밖에 양재동 역시 역삼동, 삼성동 일대의 가격 상승에 영향을 받아 매매가가 상승하는 추세인데, 상대적으로 액수 부담이 적은 1억 원 정도의 자금을 투자하면 월세 수입과 향후 발전성에 따른 시세 차익을 거둘 수 있어 현재 강남 일대의 투자가치는 지속적으로 상승하는 중이다.

3기 신도시 완벽 분석

| 성공적인 분양을 위한 2가지 조건 |

현재 정부에서는 3기 신도시 사업을 빠르게 진행해 공급 부족에 따른 국민들의 불안감을 해소하고 주거 안정화를 실현하겠다는 방침을 세우고 있다. 하지만 부동산 거래의 주축이 되는 30~40대들은 3기 신도시 입주에 대해 적극적인 반응을 보이지 않는 사람들도 꽤 있다.

가장 큰 이유는 인프라 구축에 긴 시간이 소요되기 때문이다. 이는 3기 신도시의 분양률을 높이기 위해서는 최대한 빠른 시간 안에 서울 접근성을 개선해야 한다는 것을 의미한다. 즉, '교통 문제 해결'이 3기 신도시 사업이 성공적으로 정착하기 위한 첫 번째 조건이다. 이에 3만 8,000호가 들어설 예정인 고양시 창릉지구는 GTX-A노선 대곡역을 통한 강남권 진입 교통 계획을 세웠으나 3기 신도시의 정착률을 높이기 위해 창릉지구를 관통하는 역사를 신설하기로 했다. 여기에 더해 자동차 전용도로를 증설해 서울 접근성을 높일 계획이다.

한편 고양시 창릉지구의 경우 자족 용지가 40%에 달하는데 이것은 창릉지구가 베드타운으로 남지 않으려면 이 자족 용지가 얼마나 많이 분양되고 기업들이 입주해 정착하느냐가 최대 관건이라는 것을 의미한다. 이와 관련해서 정부는 판교의 두 배가 넘는 자족 용지를 고양선을 중심으로 교통이 편리한 역세권에 집중 배치하고, 기업의 요구에 맞춰 자족 용지의 성격을 다양화할 계획이라고 발표한 바 있다. 또한 자족 용지 인근에 창업주택 등을 배치하여 직주근접형 자족 도시 모델을 실현시킬 계획을 세우는 한편, 공공이 지원하는 일자리 창출을 위해 LH한국토지주택공사 주도하에 기업지원허브 및 기업성장지원센터를 운영할 계획이라고 밝혔다.

다만 이와 같은 계획에도 불구하고 자족 용지 40%는 적지 않은 비중이기 때문에 일각에서는 자족 용지 비율을 줄여 추가로 주택 공급률을 늘리는 방안을 제시한 바 있다. 판교 신도시의 경우처럼 풍부한 일자리와 주

택을 함께 공급하는 자족 기능이 있어야 집값 안정 효과를 기대할 수 있다는 의견이 우세한 상태다.

두 번째로 남양주 왕숙신도시에는 6만 6,000호가 들어설 예정이다. GTX-B 신설역과 9호선 연장선 발표로 다른 3기 신도시에 비해 분양 물량도 많고 서울 도심 접근성이 떨어지는 단점에 사람들이 관심을 갖게 되었다. 또한 도로 사업의 일환으로 수색대교를 설치할 예정이며, 자족 용지는 32%로 3기 신도시로 지정된 지역 중 세 번째로 자족 용지 비율이 높다.

정부는 왕숙 신도시를 경제 중심 도시로 조성하기 위한 계획을 발표했다. 이를 위해 GTX-B 노선을 중심으로 도시첨단산단, 창업지원센터 등의 자족·업무 용지를 복합개발 할 계획이다. 또한 왕숙2는 경의중앙선역을 중심으로 공연장 등의 복합문화시설을 집중 배치하고 홍릉천, 일패천 등

을 중심으로 수변문화공간이 조성될 계획이다. 한편 자족 기능과 관련해서는 첨단복합물류단지가 조성될 계획이다.

다음으로 인천공항에 근접한 인천 계양지구와 부천 대장지구를 살펴보면 인천 계양지구의 경우 1만 7,000호가 들어설 예정이며, 자족 용지는 무려 49%로 50% 가까이 확보되어 있다.

정부는 서울과 부천, 인천을 잇는 계양지구에 첨단산업 일자리를 유치, 신경인산업축(송도-남동-부평-계양-마곡)의 거점도시로 조성할 계획이며 북쪽에는 자족 용지를 집중적으로 배치하는 한편, 인천시는 총면적의 2/3가량을 도시첨단산단으로 지정할 계획이다.

교통편은 S-BRT 2개 노선을 건설할 예정이며, 북측 노선은 박촌역(인천1호선)-일자리 자족단지-김포공항역(5·9호선 등), 남측 노선은 박촌역-주거

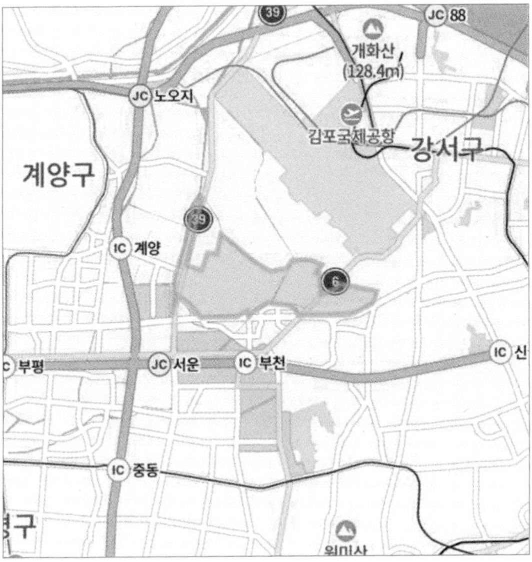

단지-부천 종합운동장역(7호선, 대곡소산선/GTX-B)을 연결할 예정이다.

부천 대장지구는 2만 호 공급이 예정되어 있으며, 서울에서 30분 내에 갈 수 있도록 S-BRT 신설 및 외곽순환노로 지하화 사업을 조속히 추진할 예정이다. 정부는 부천 대장지구에 S-BRT(김포공항역 5·9호선, 공항철도)-박촌역(인천 1호선)-부천 종합운동장역(7호선, GTX-B 등)을 중심으로 한 광역 교통 체계를 구축하는 한편, 인천 계양, 서울 마곡과 연계한 기업벨트를 조성해 교통이 편리한 친환경 자족 도시로 조성할 계획을 발표한 바 있다. 다른 3기 신도시에 비해 일자리가 많은 서울 도심 접근성이 떨어지는 편이다.

광명 학온지구는 수원-광명고속도로, 서해안고속도로, 서울외곽순환고속도로, KTX 광명역 등이 인접해 있으며, 2024년 신설 예정인 신안산선 역사가 신설되면 교통 여건은 더욱 좋아질 전망이다. 또한 광명 시흥테크노벨리의 배후 주거단지로서 육아·여가·일자리 및 주거가 안정되는 도심 속 힐링 공간 'For REST Ciry'로 조성할 계획이다.

한편 안산 신길2는 신길온천역(4호선) 중심의 역세권 특화도시로 조성될 계획으로 정부는 신길2·시흥거모지구를 관통하는 황고개로를 확장하는 한편, 순환형 교통체계를 구축하여 두 지구 간의 교통 접근성을 강화할 계획이라고 밝혔다.

하남 교산은 하남 미사지구를 기준으로 남동쪽에 위치하고 있으며 3만 2,000호가 새롭게 들어설 예정이다. 교산지구의 교통은 오금역이 종점인 3호선을 연장하기로 확정 발표했다. 더불어 서울 접근성을 높여주는 여

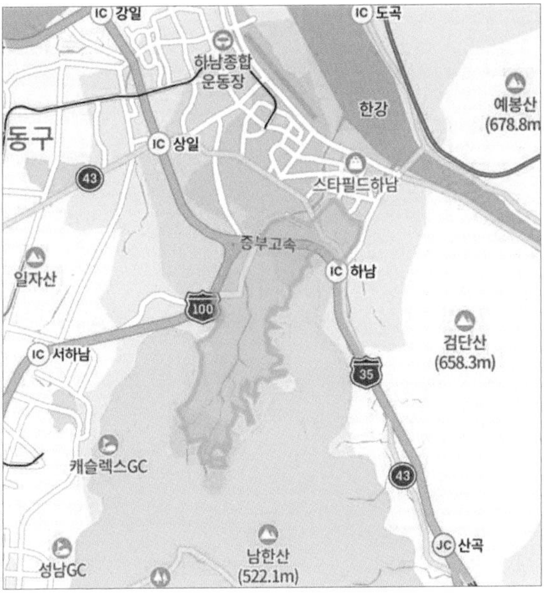

러 가지 도로 개설도 예정되어 있으며, 자족 용지 비율은 약 30%다. 정부는 중부고속도로 이용이 편리한 북쪽에 자족·업무 용지를 집중 배치하여 하남 스마트밸리를 조성할 계획이다.

광명 시흥지구의 경우 7만 호가 공급될 예정이며, 정부는 지역별로 수요자 선호에 맞게 분양주택 및 공공자가·통합 공공임대주택 등을 적정 배분하여 공급할 예정이라고 밝혔다.

교통망은 도로, 철도 등 기반시설 구축을 위한 교통 대책을 선제적으로 마련해 서울 및 인근 도시와의 접근성을 제고할 방침이다. 이를 위해서 1·2·7호선을 비롯해 현재 건설·계획 중인 신안산선, GTX-B, 예비 타당성 조사 중인 제2경인선(구로차량기지 이전 노선 포함) 등을 연결하는 철도교통

망을 구축할 예정이다.

교통망 확충 시 광명 시흥지구에서 여의도까지 20분, 서울역 25분(GTX 환승), 강남역 45분(2호선 환승)이 소요될 것으로 전망된다. 대중교통 사각지대 해소를 위해 지구 내 순환 대중교통체계(BRT 등) 구축 및 서울 구간 BRT 등과의 연결 방안도 검토할 예정이다.

한편 광명 시흥지구 역시 다른 지구와 마찬가지로 업무시설 등을 위한 도시지원시설용지를 확보해 지역전략산업 유치 등을 통한 자족 기능을 강화할 계획이다. 앞에서 다루었듯이 3기 신도시가 성공적으로 정착하기 위한 첫 번째 조건은 서울 접근성 개선을 위한 교통 인프라 확충이며, 두 번째 조건은 자족 용지에 얼마나 많은 기업들이 정착할 수 있는지 여부다. 이에 정부는 출퇴근이 용이하도록 지하철역 등과 가까운 곳에 자족 용지를 배치할 예정이며, LH 주도하에 기업들이 잘 정착할 수 있게끔 기업지원허브, 기업성장지원센터 등을 통해 창업 또는 기업 유치를 지원할 예정이라고 밝혔다.

여기서 또 한 가지 혜택이 주어지는데 바로 세금과 관련된 부분이다. 예를 들어 도시첨단산업단지로 중복 지정될 경우 더 많은 세금 혜택이 주어지며 그 외에도 자족 용지 인근에 행복주택, 창업지원주택 등을 조성해 출퇴근 거리를 단축할 수 있도록 지원할 예정이다.

이처럼 정부가 교통 및 일자리에 많은 지원을 하는 이유는 3기 신도시의 성공적인 정착이 두 가지 요인에 달려 있기 때문이다. 따라서 3기 신도시 내 주택 구입 시 이 부분을 유의해서 볼 필요가 있으며, 이 요인이 충족되지 않는다면 3기 신도시 정책은 실패할 확률이 높다. 최근 LH사태 시발점이 된 곳으로 3기 신도시 최초 발표 때 언급이 되었다가 정보가 누설되어 취소된 사례가 있는 만큼 좋은 입지로 평가받고 있는 지역이기도 하다.

신도시 프리미엄? 공급에 따라 다르다

2기 신도시 중 하나인 동탄은 현재 고가 아파트와 저가 아파트의 매매가가 두 배 이상 벌어져 있다. 이것은 같은 신도시라도 두 배 이상 가격 차이가 날 수 있다는 것을 보여준다.

남양주 다산 신도시의 경우에도 고가 아파트가 10억 대, 저가 아파트가 5억대로 꽤 많은 차이를 보여주고 있으며 김포 한강 신도시 역시 6억대와 3억 초반대로 적지 않은 차이를 보이고 있다. 그렇다면 왜 같은 신도시 안에서 이런 차이가 벌어지는 걸까?

가장 큰 이유는 공급량에 있다. 초창기 공급량이 적을 때에는 지하철역과의 거리가 어떻든 프리미엄이 많이 붙었지만 이후 공급량이 늘어날수록 격차가 벌어지기 시작했다. 미분양이라도 되면 값이 떨어질 수밖에 없기 때문이다. 또한 역과의 거리 및 학군, 교통 여건, 조망 등에 따라 가격 차이가 벌어지는데 이것은 공급량이 늘어나면서 입지 조건이 달라지기 때문인 것으로 보인다. 지하철 역세권에 세대수가 많은 이유 역시 공급량이 늘어날 것에 대비한 대응이라고 할 수 있다.

그 밖에 브랜드 가치가 높거나 커뮤니티가 활성화된 단지에 따라 가격 차이를 보인다. 심지어 같은 커뮤니티 안에서도 구조나 방향에 따라 시세 차이가 벌어지고 있다. 이외에 미분양 및 공실 발생에도 공급량이 영향을 미치는 만큼 신도시 프리미엄을 따질 때에는 반드시 공급량을 고려해야 한다.

한편 3기 신도시가 1·2기 신도시에 미칠 영향을 전망하면, 인천 계양지구와 부천 대장지구의 경우 김포공항과 비교적 가까울 뿐만 아니라 경전철이 들어올 경우 김포 한강 신도시보다도 서울 접근성이 좋아지며 하남 교산지구 역시 3호선이 연장될 경우 미사 신도시보다도 굉장히 좋은 입지가 형성되므로 3기 신도시의 공급은 필연적으로 1·2기 신도시에 영향을 미칠 수밖에 없다. 따라서 이러한 부분을 참고해 투자 전략을 세울 필요가 있다.

성공 투자로 이끄는 부동산 투자 비법

| 인생을 바꿔줄 오피스텔의 모든 것 |

제로금리에 가까운 금리 인하와 미국의 양적 완화, 1,000조 원 규모의 국내 부동자금과 전 세계에 불어닥친 경제위기가 맞물리면서 수익형 부동산에 관심을 갖는 사람들이 늘고 있다. 그중에서도 수익형 부동산의 대표상품이라고 할 수 있는 오피스텔에 대한 세간의 관심이 뜨겁다. 제대로 알고 투자하면 큰 수익을 낼 수 있는, 인생을 바꿔줄 오피스텔 투자에 대해 알아보자.

오피스텔의 사전적 의미를 찾아보면 '간단한 주거 시설을 갖춘 사무실'로 정의되어 있다. 대부분의 사람들 역시 오피스텔을 사무실 겸 주거 목적의 부동산으로 인식하고 있다. 하지만 오피스텔은 본래 업무용으로 허가가 되던 것인데, 주거 수요가 많다 보니 업무와 주거를 병행할 수 있도록 서울시에서 규제를 완화해준 것이다.

규제 완화 전에 상가나 오피스텔을 많이 지었다는 이야기인데, 업무용 오피스텔을 왜 그렇게 많이 지었을까?

그 이유는 용도구역에 대한 조례 때문이다. 상업지역의 경우 업무시설을 일정 퍼센트 이상 지어야 한다는 규정이 있어 상가나 오피스텔이 들어서게 된 것이다. 하지만 상가는 분양이 잘 안 되는 경우가 많아 상가보다는 오피스텔을 많이 짓는 건설사들이 늘게 되었고, 그러다 보니 오피스텔이 압도적으로 많아지게 되었다. 그렇게 지어진 오피스텔을 예전에는 사무실로 썼으나 분양이 되지 않아 공실이 되는 경우가 많아지자 일종의 편법이 등장했다. 주거 목적으로 들어오려는 세입자에게 전입신고를 하지 않는 조건으로 세를 주게 된 것이다.

그러다 주거난이 심각해지자 오피스텔을 활용하자는 주장이 힘을 얻으면서 이후 2010년을 기점으로 오피스텔에서 주거를 겸할 수 있게 되었다. 그렇게 오피스텔의 투자가치가 상승하면서 오피스텔 투자 붐이 일어났다. 특히 오피스텔은 양도 시에는 주택수에 포함이 되지만 청약 시 주택수에 포함이 되지 않는다는 장점이 있어 투자수요가 점차 상승했다. 실무적으로 들어가 보면 양도세는 현시점에서 어떤 상태인가로 보기 때문에 주거로 사용하다가 공실인 상태라면 양도 시 중과 대상으로 보지 않을 수도 있다.

한편 종합부동산세의 경우 오피스텔이 과세 대상이다, 아니다 의견이 분분한데 정확한 팩트는 구청에서 재산세를 부과하는 경우에 한해서만 종부세 대상이다. 즉, 구청에서 판단할 때 재산세를 주거로 부과하지 않고 건축물로 부과한다면 종합부동산세 합산 대상이 아닌 것이다. 그렇다면 구청에서는 어떤 기준으로 오피스텔에 재산세를 부과할까? 전입이 되어 있을 경우 재산세 대상으로 간주한다는 주장이 있으나 사실상 전입신고를 하고 거주를 해도 재산세 부과 시 주거로 부과하지 않는 지자체가 많다.

실질적으로 구청 직원이 현장 방문을 해 독립된 주방과 독립된 욕실로 되어 있다면 주거로 구분하는 경우가 많다. 그 이유는 오피스텔의 대상이 주거가 아닌 사무실용 오피스로 출발을 했기 때문에 실무에서는 여러 가지 혼선이 벌어지는 게 현실인 듯하다. 즉, 오피스텔은 종부세 대상이 아닌 경우가 대부분이라고 봐도 무방하다.

이외에도 오피스텔이 갖는 장점은 많다. 특히 2020년 3월 13일부터 조정대상지역 내 3억 원 이상 주택, 비조정대상지역 내 6억 원 이상 주택 매입 시 자금조달계획서를 제출해야 하지만 오피스텔은 해당 사항이 없다는 점도 오피스텔 투자의 장점으로 꼽히고 있다. 또한 신탁회사를 통한 대출(60%, 비조정대상지역은 규제 없음)도 가능해 이 부분 역시 장점으로 손꼽히고 있다.

단, 오피스텔 투자에도 단점은 있다. 빌라와 비교하면 6억 이하 매물 취득 시 빌라는 1.1%의 세금이 부과되는 반면, 오피스텔은 업무시설로 분류되기 때문에 상가법의 적용을 받아 취득 시 4.6%의 세금이 부과된다. 물론 오피스텔을 주거용으로 신고할 경우 주택법의 적용을 받아 양도세, 비과세 등 주택에 해당되는 세금 혜택을 받을 수 있다. 또한 전입신고가 되어 있고 사람이 거주할 경우 주거용 오피스텔로 분류된다. 앞선 내용과 상반된 내용이지만 재산세 부과 시 건축물로 많고 있다면 구청이나 관할 지자체에 주거용으로 사용하고 있으니 주거용으로 해달라고 요청해야 할 것이다.

보통 다른 주택 없이 오피스텔 한 채만 가지고 있는 사람은 비과세 요건을 갖추기 위해 요청하는 경우도 있다. 이렇게 오피스텔은 세법이 복잡해서 잘 알면 활용가치가 높은 부동산 상품이 될 수도 있다. 그러나 최근 가파르게 오르는 집값과 다주택자나 청약을 준비하고 있는 사람들에게 오피스텔로 자금이 몰려 이런 법을 강화하게 될지도 모르니 항상 변화하는 정책과 세법에 귀를 기울여야 낭패 보는 경우가 없을 것이다.

그 밖에 오피스텔 투자의 장점을 살펴보면 직주 근접의 수요가 많은 지역에 위치한 10평 이상 오피스텔의 경우 신혼부부나 회사원의 아파트 대용으로 시세 차익을 볼 수 있다는 장점이 있다. 또 2룸 이상의 다세대주택은 환금성이 좋은 편에 속하나 원룸형 다세대주택인 경우에는 오피스텔의 환금성이 더 뛰어나다는 장점이 있다. 한편 낡은 빌라의 경우 재개발 호재가 있을 경우 투자가치가 상승하나, 개발 호재가 없으면 환금성이 떨어지기 때문에 재테크 측면에서는 좋지 않다.

그렇다면 오피스텔은 입지 조건과 상관없이 모두 투자가치가 높을까? 당연히 그렇지는 않다. 오피스텔에 투자할 때도 좋은 오피스텔을 고를 줄 아는 안목이 필요한 만큼 좋은 오피스텔을 고르는 방법을 알아보자.

첫 번째, 주변 시세를 파악하라. 오피스텔 중에 시세가 잘 오르지 않는 매물이 있는데 이것은 오피스텔을 비싸게 분양했기 때문이다. 그런 경우 시세 차익을 기대하기가 어렵다. 따라서 오피스텔에 투자할 때에는 적절한 분양가인지 주변 시세를 조사할 필요가 있다.

두 번째, 수요와 공급량을 체크하라. 경제는 수요·공급의 원리로 돌아가는 만큼 주변 공급량이 적다면 비싸게 분양하더라도 투자할 가치가 있다. 하지만 공급량이 많은 상태에서는 가격 상승을 기대하기 어려우므로 주변 시세보다 비싼 값에 분양받아서는 안 되며, 이 부분을 주의 깊게 살펴봐야 한다.

세 번째, 직주 근접 지역에 투자하라. 마포지구, 서울대입구역, 강남역, 가산디지털단지 등이 좋은 예다. 업무지역이 가깝고 출퇴근이 용이한 지역에 투자해야 수익을 극대화할 수 있다.

네 번째, 역세권 또는 신규 역이 들어설 지역의 매물에 투자하라. 어떤 형태의 부동산이든 역에서 멀어질수록 선호도는 떨어질 수밖에 없다. 따라서 역세권에 투자하는 것이 공실률을 줄이고 시세 차익을 내는 데 더 유리하다.

다섯 번째, 주차 문제가 원활한 곳을 선점하라. 다른 여건이 좋다고 해도 주차가 원활하지 못할 경우 해당 지역은 투자가치가 급격히 하락한다. 특히 기계주차 중에 기아 중립이 안 되는 외제차는 주차를 못 하는 경우 치명적인 단점으로 작용하므로 꼭 확인해야 한다. 그 외에 진입로가 불편한 곳 역시 불리하므로 가급적 지양해야 한다.

| 10년 후 반값으로 아파트 매입하는 비법 |

정부는 3기 신도시를 비롯해 2023년 이후에도 꾸준히 수도권에 주택을 공급할 계획이며, 그중 3만 가구 정도가 공공임대주택에 할당되어 있다. 특히 강남, 영등포, 구로 등 입지가 좋은 곳에 공공임대주택이 들어설 예정인데 이들 공공임대주택에는 주목할 만한 특징이 있다. 바로 '분양전환 임대주택'이라는 점이다.

분양전환 임대주택은 임대 의무기간 종료 후 분양이 되는 임대주택으로, 임대주택에 거주하고 있는 무주택인 임차인에게 우선권을 준다. 또한 시세에 비해 분양가가 파격적으로 저렴하기 때문에 분양과 동시에 큰 시세 차익을 얻을 수 있다는 이점도 있다.

현재 가장 활발하게 분양전환이 되고 있는 판교 산운 11단지의 감정평가를 보면 보증금 5,000~7,000만 원, 월세 40~50만 원 선에서 임대를 주고 있으며 분양가는 21평이 4억~4억 8,000만 원, 25평은 4억 5,000~5억 4,000만 원 수준이다. 그런데 현재 시세를 보면 21평이 6억 3,000~7억 5,000만

판교 산운 11단지 감정평가

산운 11단지 감정평가금액				매매	전세	임대 보증금	월세
21평	복도식	방 2	4억 300만 ~ 4억 8,450만 원	6억 3,000만 ~ 7억 5,000만 원	3억 5,000만 ~ 3억 8,000만 원	54,017,000원	374,160원
25평	판상형/타워형	방 3, 화장실 2	4억 5,550만 ~ 5억 4,150만 원	8억 9,000만 원	4억~5억	67,927,000원	472,520원

출처: LH한국토지주택공사

원, 25평이 8억~8억 9,000만 원에 거래되고 있어 분양가보다 2억 원가량 높은 가격이 형성되어 있다. 심지어 전세가 역시 분양가와 비슷한 수준이라 전세를 줄 경우 큰 자금을 들이지 않고도 소유권을 취득할 수 있다. 따라서 현재 3기 신도시 등에 위치한 주택을 매입하는 것보다 5년에서 10년간 서울의 중심권에 있는 임대주택에 살다가 분양전환을 노려보는 것도 하나의 전략이 될 수 있다.

최근에는 분할적립식 주택으로 자금 여력이 적은 30대를 타깃으로 분양가의 25% 정도만 내고 나머지는 공공이 지분을 소유하며 조금씩 지분을 사들일 수 있는 방식이 도입될 예정이다. 중간에 매도를 원하면 수익의 일부를 가져갈 수 있는 방식으로 소액으로 내 집 마련을 하게 할 수 있다는 장점은 있다.

한편 분양전환 임대주택은 청약저축을 24회 이상 납입한 자가 1순위이며, 2순위는 청약저축을 6회 이상 납입한 자에게 주어진다. 보증금과 임대료는 시중 시세보다 저렴한 수준으로 결정되며, 무주택세대 구성원으로서 소득자산 기준을 충족한 사람이 받을 수 있다.

분양 우선권은 신혼부부(30%), 생애 최초(20%), 일반(15%), 기관 추천(20%), 다자녀 가구(10%), 노부모 부양(5%) 순으로 주어진다. 또한 임대주택 청약은 일반공급과 특별공급으로 나뉘며, 청약 자격조건은 다음 페이지와 같다.

임대주택 청약 자격

공급 유형	공급 대상	입주자 저축	청약 자격
일반 공급	1순위	가입 12개월 경과 12회 이상 납부	해당 주택건설 지역에 거주하는 무주택세대 구성원
			※(60㎡ 이하) 아래 소득 기준을 만족하는 분
		※단,투기과열지구 및 청약과열지역은 24개월 경과 24회 이상 납부	(전 평형) 아래 자산 기준을 만족하는 분
			※투기과열지구 및 청약과열지역은 세대주만 청약 가능하며, 과거 5년 내 세대구성원의 당첨 사실이 없어야 함
	2순위	가입한 자	해당 주택건설지역에 거주하는 무주택세대 구성원
			※(60㎡ 이하) 아래 소득 기준을 만족하는 분
			(전 평형) 아래 자산 기준을 만족하는 분
특별 공급	기관 추천	가입 6개월 경과, 6회 이상 납부 ※단, 국가유공자, 장애인, 철거민 등은 불필요	해당 기관에서 입주 대상자로 확정하여 LH공사로 홍보한 분
	신혼 부부	가입 6개월 경과, 6회 이상 납부	(1순위)혼인 기간 7년 이내에 출산(임신)한 신혼부부, 6세 이하 한부모 가족
			(2순위)그 외 신혼부부, 예비 신혼부부(입주 전까지 혼인 사실 증명이 가능한 분)
			아래 소득·자산 기준을 만족하는 분
	생애 최초	입주자 저축 1순위자 중 선납금을 포함 600만 원 이상 납부한 분	최초로 주택을 구입하는 무주택세대 구성원
			※투기과열지구 및 청약과열지역은 세대주만 청약 가능하며, 과거 5년 내 세대구성원의 당첨 사실이 없어야 함
			혼인 중이거나 자녀(등본상 미혼 자녀에 한함)가 있는 분
			근로자 또는 자영업자 또는 과거 1년 내 소득세를 납부했으며 5년 이상 소득세를 납부한 분
			아래 소득·자산 기준을 만족하는 분
	다자녀 가구	가입 6개월 경과, 6회 이상 납부	미성년(태아 포함)인 자녀가 3명 이상인 무주택세대 구성원
			아래 소득·자산 기준을 만족하는 분
	노부모 부양	입주자 저축 1순위인 분	만 65세 이상의 직계존속(배우자의 직계존속 포함)을 3년 이상 계속하여 부양하고 있는 무주택세대주
			※투기과열지구 및 청약과열지역은 과거 5년 내 세대구성원의 당첨 사실이 없어야 함
			아래 소득·자산 기준을 만족하는 분

출처: LH한국토지주택공사

| 아파트 청약 당첨 보장 비법 |

아는 만큼 보인다는 말이 있다. 모르는 것이 약이라는 말도 있지만 부동산 투자에서는 아는 것이 많을수록 무조건 더 유리하다. 사실 어떤 일이든 다른 사람들이 모르는 것을 알고 있으면 더 많은 기회를 얻을 수 있는 법이다.

아파트 청약 역시 마찬가지다. 로또 청약이라는 말이 있을 만큼 당첨자에게 큰 이익을 가져다주는 청약은 내 집 마련을 위한 가장 효과적인 전략이기도 하다. 그런데 청약 당첨 확률을 높여주는 비법은 없을까? 새 아파트를 가장 저렴하게 구입할 수 있는 방법인 만큼 청약 당첨을 위한 여러 가지 방법은 어렵지 않게 찾을 수 있다. 하지만 아파트 청약 당첨은 이런저런 방법들을 찾아보지 않아도 딱 세 가지만 알면 충분하다. 그것도 당첨 확률을 높이는 것이 아니라 당첨을 보장할 수 있을 만큼 매우 강력한 효과를 가진 방법이다.

첫 번째로 청약 통장을 만들고 무슨 일이 있어도 매월 10만 원씩 저축을 한다. 그 이유는 공공분양은 1회 납입 시 최대 인정금액이 10만 원이기 때문이다. 그런데 청약 통장에 10만 원을 넣으면 당장 내가 쓸 돈이 없다며 망설이는 사람들도 있다. 무슨 일이 있어도 매월 10만 원씩 넣어야 한다고 한 이유가 이 때문이다. 10만 원까지는 부담된다며 2~3만 원가량 넣기도 하는데 그렇게 해서는 당첨을 기대하기 어렵다. 정 여유자금이 없으면 우선 청약통장에 10만 원을 넣고 그걸로 대출을 받는 방법도 있다. 주택청약담보대출을 활용하면 납입된 자금의 95%까지 대출을 받을 수 있다.

한편 청약통장은 저축 총액이 높을수록 당첨 확률이 높아지지만, 1회 납입 시 최대 인정금액이 10만 원이므로 더 많은 돈을 넣을 필요는 없다. 단, 전용 40㎡ 이하인 경우 금액이 아닌 납입 횟수로 우선순위를 정한다는 것은 알아두도록 하자. 참고로 민간분양의 경우 예치금만 맞추면 된다.

두 번째 방법은 최소 계약금까지는 준비해놓는 것이다. 보통의 경우 계약금은 분양가의 10~20% 수준에서 책정된다. 예를 들어 분양가가 5억 원이라면 5,000만 원에서 1억 원 정도는 준비해두어야 한다. 그 이후는 중도금 대출의 경우 분양가가 9억 미만이면 집단 대출이 가능하며, 신용에 큰 문제가 없다면 대부분 대출이 나온다. 또한 주택담보대출로 전환 시 입주 시에는 감정평가 금액이 높게 올라 있기 때문에 생각보다 많은 대출이 가능하다. 즉, 계약금만 준비하면 아파트가 지어지는 2~3년간 나머지 대금을 치를 수 있는 방법이 나온다.

세 번째는 무주택 기간을 유지하는 것이다. 유주택자는 기본적으로 가점제에 지원이 불과하며, 추첨제 역시 75%는 무주택자에게 우선 공급을 하므로 당첨 확률이 떨어질 수밖에 없다. 특히 공공분양은 특별공급 비율이 일반공급보다 높고, 특별공급을 지원하기 위해서는 무주택자만 가능하다. 즉, 유주택자가 청약에 당첨될 확률은 거의 없다고 보면 된다.

이 세 가지 조건만 채우면 청약 당첨은 어려운 일이 아니다. 문제는 성실함과 끈기다. 월 10만 원 납입, 계약금 마련, 무주택 기간 유지는 벼락치기로 충족할 수 있는 조건들이 아니다. 따라서 당첨될 수 있다는 긍정적인 기대를 갖고 꾸준히 준비하는 것이 중요하며, 이 조건들을 갖춘다면 청약 당첨의 행운은 어느새 눈앞에 다가와 있을 것이다.

부동산 실전 투자 사례로 알려주는 투자 3법칙

실제 상담을 하다 보면 다양한 유형의 투자자들을 만나게 된다. 그중에서도 가장 안타까운 경우가 행동으로 옮기지 않아 좋은 기회를 흘려보내는 경우다. 기회를 놓칠 때는 여러 가지가 있지만 대부분 투자의 3대 법칙을 간과했기 때문에 놓치는 경우가 많다. 누구나 투자에 성공하길 원하고, 또 성공하기 위해 치열하게 노력한다. 하지만 기본 법칙을 모른다면 아무리 많은 돈이 있어도 성공은 쉽게 다가오지 않는다.

그러면 어떻게 투자해야 다가오는 기회를 잡을 수 있을까? 우선 가장 중요한 것이 당장의 편리함보다 '미래가치'를 더 중요하게 보는 자세다. 실제 사례를 예로 들면, 어떤 고객은 직장과의 거리 및 평수를 우선시해 강서구 대신 일산에 위치한 아파트를 선택했다가 4년 뒤 시세 차익에서 2억 원가량의 손해를 봤다. 직장과 다소 거리가 있고 평수가 작았지만 미래가치가 있는 강서구 아파트보다 당장의 편리함을 좇았기 때문이다. 주거 편리성 역시 중요한 가치이지만 그것을 얻기 위한 선택치고는 너무 큰 대가를 지불한 셈이다.

두 번째 법칙은 시세보다 비싸더라도 희소성이 있으면 과감히 투자해야 한다는 것이다. 역시 실제 사례를 예로 들면 시세보다 비싼 감은 있지만 희소성이 있는 매물에 5,000만 원을 투자해 3~4년 만에 2억 원가량의 시세 차익을 올릴 수 있는 기회가 있었다. 그런데 상담을 했을 때 이

기회를 잡은 투자자는 없었다. 전세를 끼고 갭투자를 하는 방식이었는데 매매 금액이 주변 시세보다 높은 데다, 당시 역전세난 때문에 세입자를 못 구하자 투자자들이 위축되었기 때문이다. 불리한 시장 상황 때문에 1,500~2,000만 원 정도를 프리미엄으로 받고 매물을 파는 사람들도 있었다. 물론 5,000만 원을 투자해 2,000만 원 정도 수익을 낸 것 자체는 그리 나쁘지 않은 결과일 수 있다. 하지만 그때 팔지 않고 가지고 있던 사람은 2억 원가량의 수익을 올렸고 그와 비교하면 아쉬운 결과가 아닐 수 없다.

마지막 세 번째는 같은 투자금이라면 매매가가 비싼 쪽에 투자해야 한다는 점이다. 특히 소액을 투자하고 시세 차익을 노리는 갭투자라면 매매 금액이 더 큰 쪽이 미래가치가 높은 것이다. 하지만 높은 매매금액에 위축된 나머지 저렴한 매물을 선택하면 대장주에 투자할 수 있는 기회를 흘려보내게 되므로 투자금액이 똑같다면 더 비싼 아파트에 투자하는 것이 수익 창출에 절대적으로 유리하다.

| 계약금 설정도 전략이 필요하다 |

보통의 경우 계약금은 매매가 대비 10~20% 수준으로 책정된다. 하지만 여러 가지 경우의 수가 작용하면서 계약이 파기되는 경우도 있다 보니 매수자 또는 매도자 입장에서는 계약금을 어느 정도 걸어야 할지 고민이 되기도 한다.

계약을 파기할 때 가장 문제가 되는 부분은 위약금으로 계약금의 배상 문제일 것이다. 특히 이미 계약을 한 매도자가 계약 파기를 원할 경우

보통은 계약금만 돌려주면 되는 것으로 알지만 원칙은 계약금만큼 돈을 더 얹어서 돌려줘야 한다. 일종의 위약금이다. 실제로 압구정 현대아파트를 매매가 36억 원에 계약했다가 가격이 더 오르자 계약금 3억 6,000만 원에 동일한 가격을 더 얹어 7억 2,000만 원을 주고 계약을 파기한 사례가 있다.

그런데 계약 파기가 단순히 매수자와 매도자의 문제이기만 할까? 배경을 따지고 들어가면 정부 규제에도 일정 부분 책임이 있다고 볼 수 있다. 부동산 가격을 시장에만 맡겨둘 수 없다고 해도 과도한 규제는 풍선효과를 불러오기 마련인데 규제만 하다 보니 정부 의도와는 반대로 가격은 더 오르게 되고, 집값이 더 오를 것 같은 매도자 입장에서는 계약을 파기하게 되는 것이다.

물론 이러한 구조를 잘 활용하면 좀 더 유리한 조건으로 계약을 하는 것도 가능하다. 가령 부동산 상승기 때에는 매도자의 마음이 언제 바뀔지 모르므로 계약금을 많이 거는 것이 유리하다는 것을 유추할 수 있다. 앞에서도 언급한 대로 계약금은 통상 10~20% 수준이지만 꼭 사야겠다 싶으면 30% 이상 거는 것이 매수자 입장에서는 좋다. 반대로 매도자 입장이라면 적게 받는 것이 유리하다.

한편 가계약을 했을 경우 계약을 파기하려면 가계약금이 아닌 계약금 총액을 마저 채워놓고 포기를 해야 한다. 가령 5억 원짜리 집을 계약하면서 가계약금으로 300만 원을 건넸다면 계약 파기 시 300만 원이 아닌 나머지 4,700만 원을 채워놓고 포기를 해야 한다. 물론 구두로 원만하게 합의를 할 수는 있지만 실무적으로 보면 정식 계약 조건을 갖춰놓고 포기하는 것이 원칙이다.

그 밖에 계약금을 걸 때에는 부동산 상승기인지 하락기인지 여부도 중요하게 작용한다는 것을 알아야 한다. 특히 부동산 상승기라도 매물의 강점과 약점을 파악할 수 있어야 하며, 하락기에는 매도자 또는 매수자 입장에서 경우의 수를 고려해 세심하게 계약금 액수를 조절할 줄 알아야 한다. 경우에 따라서는 이 과정들이 다소 까다롭게 느껴질 수도 있지만 시장 상황과 각자의 여건에 따라 전략을 짜는 것은 매우 중요하며 그것이 곧 성공 투자로 향하는 길이다.

| 월세 시대 대비 주거비용 아껴줄 5가지 꿀팁 |

우리나라에는 전 세계 부동산 시장을 통틀어 유일하게 적용되는 제도가 있다. 바로 전세제도다. 외국인에게는 그 개념을 설명하는 것도 쉽지 않은 유일무이한 제도인 전세제도는 오랜 세월 우리나라 부동산 시장에 막대한 영향을 미치고 있다. 그런데 최근 들어 오랜 역사를 자랑(?)하는 전세제도가 저물고 곧 월세 시대가 도래할 거라는 예측이 힘을 얻고 있다. 거의 매매 수준에 육박할 만큼 전세가가 오르고 있기 때문이다. 하지만 전세가가 마냥 오를 수는 없기 때문에 대안책으로 반전세 또는 월세가 늘어날 것으로 예상되는데 그 예상의 근거는 정부 규제에 있다.

현재 문재인 정부는 투기과열지구에서 3억 원 이상 아파트를 구입할 경우 전세대출을 회수하고 있다. 이것을 역으로 보면 3억 원 이상의 아파트를 갖고 있는 사람은 전세대출을 이용해 다른 지역에서 전세로 살 수가 없다는 것을 의미한다. 그것은 곧 월세 매물이 늘어난다는 것을 뜻한다.

그 외에도 조정대상지역에 2주택 이상을 갖고 있는 경우 인상된 종합부동산세가 부과되기 때문에 집주인 입장에서는 세금을 충당하기 위해 반전세 또는 월세를 놓을 가능성이 높다. 즉, 임대인의 소득세가 늘어나면서 임차인 역시 주거비용이 늘어나고 있는 것이다. 따라서 앞으로는 월세 시대 대비 주거비용 절감이 주요 이슈로 떠오를 것으로 보이는 만큼 그에 맞춰 주거비용을 줄일 수 있는 방법을 알아보도록 하자.

첫 번째, 여름에 보일러를 돌려라. 여름에 이사할 경우 대다수의 사람들이 보일러에는 신경을 쓰지 않는다. 겨울에 보일러가 작동하지 않는 경우가 왕왕 있는데 이때 원인이 무엇인지 판단하기 애매한 경우가 많다. 따라서 여름에 입주를 하더라도 보일러를 체크하는 것이 중요하다. 집에 대한 수리비용은 집주인이 부담하는 것이 원칙이나 세입자의 과실이라면 그 부담을 세입자가 떠안는 경우도 있다. 따라서 혹시 모를 불상사를 방지하기 위해 겨울까지 기다리지 말고 입주 즉시 보일러를 가동해 하자가 없는지 체크하고 주기적으로 가동해 세입자 과실이 아니라는 것을 증거로 남겨두도록 하자.

두 번째, 서울시 전월세지원센터를 활용하라. 서울시 전월세지원센터는 대다수의 사람들이 잘 모르는 기관이다. 이 센터는 이른바 원스텝으로 주택임대차와 관련한 사안을 상담받을 수 있는 곳이다. 예를 들면 임대차 계약 종료 전후 전월세 보증금 대출 지원과 중개 계약, 전입 신고, 수선,

차임 증감, 갱신 등 임대차에 대한 전반적인 상담을 받을 수 있다.

특히 주택 임대차와 관련해 집주인과 세입자 사이에 발생하는 분쟁에 대해 상담받고 임대차 계약 불이행에 따른 손해배상 방법을 상의할 수 있기 때문에 월세 시대에 뜻하지 않은 분쟁으로 발생하는 손실을 최소한으로 줄이는 데 유용하게 활용할 수 있다.

세 번째, 소득공제를 받아라. 꼭 챙겨야 하는 세 번째 혜택은 소득공제다. 이것은 알아서 챙기지 않으면 이런 혜택이 있는 줄도 모르고 흘려버리기 십상이므로 반드시 기억해두도록 하자. 단, 소득공제 혜택은 무주택 단독세대에만 해당되며 총 급여액 7,000만 원 이하의 근로자에게 주어진다. 액수는 소득 기준에 따라 월세의 10~12%를 환급해주도록 규정되어 있다. 또한 연 한도 750만 원 이내 지출에만 해당하며, 국민주택 규모 기준시가 3억 원 이하 주택에만 해당되므로 입주 시 이 부분을 잘 고려할 필요가 있다. 또한 일부 집주인이 세입자의 소득공제 신청을 막을 수 있으니 임대 계약을 맺을 때 소득공제에 대한 특약 사항을 넣는 것이 좋다.

네 번째, 전입신고는 꼭 해야 한다. 그런 일은 없어야 하겠지만 입주를 해서 살다 보면 경매나 공매가 진행되어 예상치 못한 피해를 보는 경우가 있다. 전입신고는 그럴 때를 대비해 반드시 해놓아야 하며, 그래야 경매나 공매 시 배정 절차에 참가할 수 있다. 그러므로 입주 후 주민센터를 방문해 전입신고를 하고 임대차계약서에 확정일자를 받는 것이 중요하다. 이렇게 전입신고를 마친 소액 임차인은 경매 절차에 들어가도 우선적으로 변제받을 수 있다. 단, 변제액은 지역마다 다르며 대통령령에 따라 수

주택임대차보호법 범위

기준 시점	지역	임차인 보증금 범위	보증금 중 일정액의 범위
세부 내용	서울특별시	1억1,000만 원 이하	3,700만 원
	수도권정비계획법에 따른 과밀억제권역 (서울특별시 제외), 용인시, 세종특별자치시, 화성시	1억 원 이하	3,400만 원
	광역시 (수도권정비계획법에 따른 과밀억제권역에 포함된 지역과 군 지역 제외), 안산시, 김포시, 광주시 및 파주시	6,000만 원 이하	2,000만 원
	그 밖의 지역	5,000만 원 이하	1,700만 원

시로 바뀌므로 꼼꼼히 체크하도록 한다.

다섯 번째, 서울형 주택 바우처를 신청하라. 1인 가구 기준으로 매월 5만 원을 지원하는 저소득층 임대료 보조사업으로, 주택 또는 고시원에 거주하는 기준 중위소득 60% 이하 가구를 대상으로 한다. 단, 전세 전환가액 9,500만 원 이하 가구에 거주해야 하며, 6인 가구라면 최대 7만 5,000원까지 지원받을 수 있다. 신청은 주민등록상 주소지 주민센터에서 할 수 있다.

SUMMARY

2부 부동산, '트렌드'를 읽어라

부동산 초보가 고수처럼 투자하는 방법

첫째, 관심 있는 매물의 족보를 파헤쳐라. 둘째, 전세가 비율 함정에 주의하라. 셋째, 어느 정도 올랐으면 더 좋은 매물로 갈아타라. 넷째, 개발 이슈, 교통 호재 지역에 주목하라. 다섯째, 호재보다 공급의 힘이 강한지 분별하라. 여섯째, 뉴스 팩트 체크는 지자체에 직접 확인하라. 일곱째, 비과세 요건, 절세 혜택 확인은 필수다.

평당 '1억' 아파트 시대를 맞이한 '2020년' 부동산 시장

바야흐로 평당 '1억 원'짜리 아파트 시대가 도래했다. 지금 사야 할지, 말아야 할지 묻는 사람들의 질문 이면에는 빚을 져서라도 사야 되느냐는 의미가 담겨 있다. 답은, 사야 할 때는 '빚을 져서라도 사야 한다'다. 부동산 거래에는 '타이밍'이란 것이 있기 때문이다. 물론 빚을 져서라도 사야 하는 지역도 따로 있다.

대한민국 부동산 1번지 '강남'은 지금?

우리나라에서 아파트 가격을 선도하는 지역은 단연 강남이다. 강남에는 매매가가 15억 원이 넘는 아파트가 많다 보니 주택담보대출이 안 되어 전액 현금으로 매수해야 한다는 단점이 있다. 그럼에도 강남은 대한민국에서 가장 투자가치가 높은 지역이며, 강남에 위치한 아파트 가격은 지금도 상승하고 있다. 강남을 중심으로 인구가 꾸준히 유입되기 때문이다. 우리나라는 대부분의 업무지구가 강남에 밀집되어 있어서 직장인이 지속적으로 증가할 수밖에 없다.

3기 신도시 완벽 분석

현재 정부에서는 3기 신도시 사업을 빠르게 진행해 공급 부족에 따른 국민들의 불안감을 해소하고 주거 안정화를 실현하겠다는 방침을 세우고 있다. 정부는 특히 교통 및 일자리에 많은 지원을 하고 있는데 그 이유는 3기 신도시의 성공적인 정착이 두 가지 요인에 달려 있기 때문이다. 따라서 3기 신도시 내 주택 구입 시 이 부분을 유의해서 볼 필요가 있으며, 이 요인이 충족되지 않는다면 3기 신도시 정책은 실패할 확률이 높다.

성공 투자로 이끄는 부동산 투자 비법

어떻게 투자해야 다가오는 기회를 잡을 수 있을까? 우선 가장 중요한 것이 당장의 편리함보다 '미래가치'를 더 중요하게 보는 자세다. 두 번째 법칙은 시세보다 비싸더라도 희소성이 있으면 과감히 투자해야 한다는 것이다. 마지막 세 번째는 같은 투자금이라면 매매가가 비싼 쪽에 투자해야 한다는 점이다.

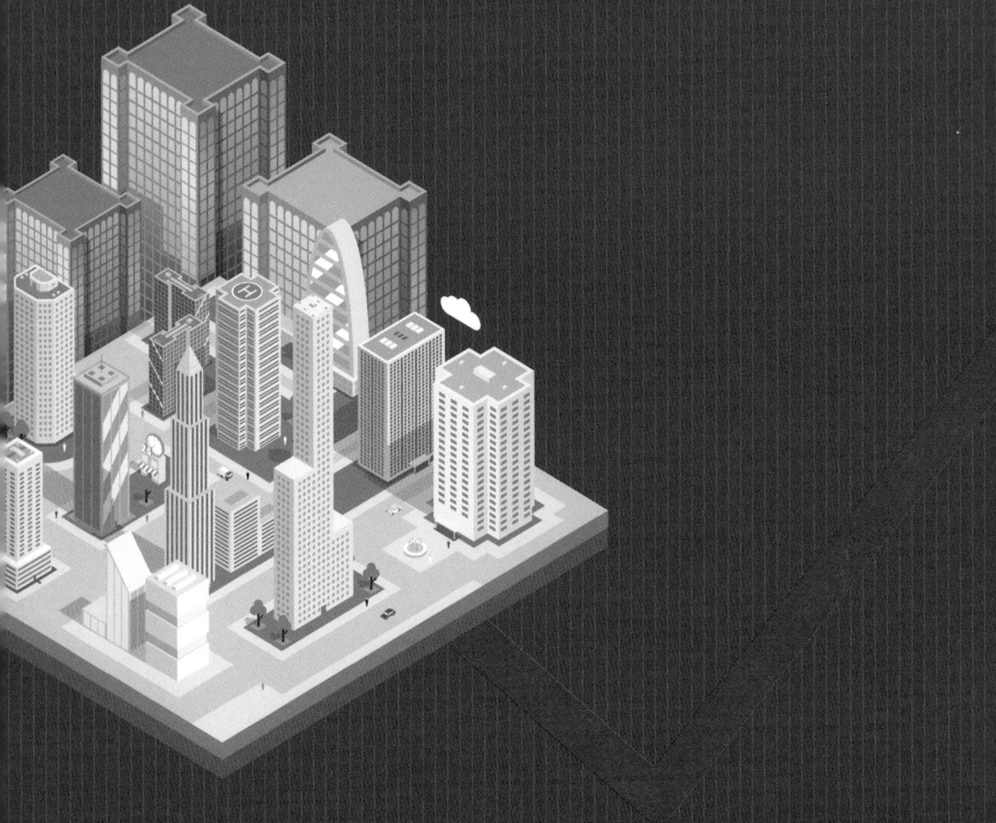

PART 3

정책을 이기는 부동산 투자 전략

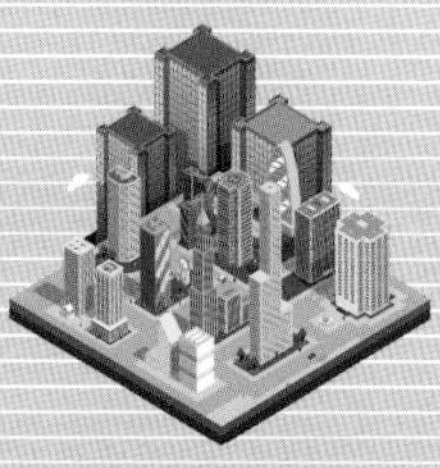

- 6·17 부동산 대책으로 달라지는 것들
- 말도 많고 탈도 많은 임대차 3법
- 민간택지 분양가 상한제, 무엇이 문제인가?
- 분양가 상한제를 제외한 정책 관련 정보

6·17 부동산 대책으로 달라지는 것들

| 비규제지역에서 한 번에 투기과열지구로 격상! |

2020년 6월 17일, 정부는 대출 및 규제지역을 강화하는 내용의 스물한 번째 부동산 대책을 발표했다. 이때 기존의 조정대상지역 외에 경기도와 인천, 세종, 대전, 청주 등 다수 지역이 조정대상지역으로 선정되었으며 경기, 인천, 대구 수성, 세종, 대전 내 일부 지역이 투기과열지구로 격상되었다.

그중 가장 눈에 띄는 점은 대전 동·중·서·유성 지역과 인천 연수, 남동, 서구 지역이 비규제지역에서 한 번에 투기과열지구로 격상된 점이다. 조정대상지역을 거치지 않고 한 번에 두 단계 격상한 것은 이 지역의 주택을 매입할 때 대출 한도가 더 작아져 현금 보유액이 더 많아야 해 매수하려는 부동산의 매수 기회를 놓칠 수 있다. 물론 반면에 장점도 있다. 대구 수성구가 조정대상지역을 거치지 않고 투기과열지구로 바로 지정되어 조정대상지역에서 적용되는 양도세 중과 대상이 되지 않아 서울 등 조정대상과 투기과열지구의 중첩규제를 받는 주택 보유자들의 집중 매수로 갑자기 폭등했던 사례도 있었다.

6·17 부동산 대책을 두고 전문가들이 이전에 비해 상당히 강도 높은 규제라고 보는 이유는 1주택 보유자는 주택 신규 구입을 위한 주택담보대출을 원칙적으로 금지하고, 고가주택(시가 9억 원 초과) 구입 시 정해진 기간 내에 처분 및 전입해야 하는 실거주 목적 외에 주택담보대출을 금지시켰기 때문이다.

무엇보다 이런 상황이 장기간 지속된다면 해당 지역은 매매 거래가 위

조정대상지역 및 투기과열지구 지정

구분	조정대상지역	투기과열지구
기존	서울 전 지역 경기 과천, 광명, 성남, 고양(7개 택지), 남양주(다산·별내동), 하남, 화성(동탄2), 구리, 안양, 광교, 수원, 용인 수지·기흥, 의왕(지방), 세종(행정중심복합도시 예정 지역)	서울 전 지역 경기 과천, 성남 분당, 광명, 하남 지방 대구 수성, 세종(행복도시 예정 지역만 지정)
개선	서울 전 지역 경기 전 지역(*일부 지역 제외) *김포, 파주, 연천, 동두천, 포천, 가평, 양평, 여주, 이천, 용인 처인(포곡읍, 모현·백암·양지면, 원삼면 가재월·사암·미평·좌항·두창·맹리), 광주(초월·곤지암읍, 도척·퇴촌·남종·남한산성면), 남양주(화도읍·수동면·조인면), 안성(일죽면, 죽산면, 죽산·용설·장계·매산·장릉·장원·두현리, 삼죽면 용월·덕산·율곡·내장·배태리) 인천 전 지역(강화·옹진 제외) 지방 세종(행복도시 예정 지역만 지정), 대전, 청주(동 전 지역, 오창·오송읍만 지정)	서울 전 지역 경기 과천, 성남 분당·수정, 광명, 하남, 수원, 안양, 안산 단원, 구리, 군포, 의왕, 용인 수지·기흥, 화성(동탄2만 지정) 인천 연수, 남동, 서구 지방 대구 수성, 세종(행복도시 예정 지역만 지정), 대전 동·중·서·유성

출처: 국토교통부 보도자료

축될 가능성이 높으며, 그런 경우 매매가는 필연적으로 하락한다. 물론 저렴한 가격에 주택을 구입할 기회를 얻을 수 있다고 볼 여지도 있지만 주택 가격이 저렴하다고 다 좋은 것만은 아니다. 그것은 곧 미래가치 역시 떨어진다는 것을 의미하기 때문이다.

| 토지거래허가제 시행 |

6·13 대책에서 정부는 시장의 불확실성이 큰 상황에서 주요 개발 호재가 복합적으로 작용하는 경우 인근 지역의 매수 심리가 과열될 것이 우려된다는 이유로 서울 송파구 잠실동 및 강남구 삼성동, 청담동, 대치동 지역을 토지거래허가구역으로 지정했다. 이 대책은 시장의 불안요인 사전 차단 및 실수요자 중심의 부동산 시장질서 확립을 위해 지정권자인 서울시와의 협의하에 추진되었다는 것이 정부의 설명이다.

또한 정부는 앞서 용산정비창 중 일부인 1만여 세대를 분양주택 및 임대주택으로 공급하겠다고 발표한 직후 투자자들이 몰려들어 투기시장이 되었다고 판단해 이 일대 일부 지역들을 토지거래허가구역으로 지정한 경험을 토대로 삼성동 현대자동차그룹 착공과 주변 지역 복합개발을 공식 발표하는 동시에 주변 지역을 토지거래허가구역으로 지정했다. 오세훈 서울시장이 취임하고 난 후 재건축 사업의 원활한 승인을 정부 지자체에 협조 요청하기 위해 압구정동, 성수동, 목동, 여의도 등을 추가로 토지거래허가구역으로 지정했다.

여기서 정부가 밝힌 '시장의 불안요인 사전 차단'이란 개발 호재로 인한 주택 가격의 급격한 상승을 말한다. 그렇다면 토지거래허가제가 주택 가격이 오르는 것을 막을 수 있을까? 우선 토지거래허가구역으로 지정되면 허가 대상 면적을 초과한 도시(전용 20㎡ 이상의 대지지분이 있는 주택)를 취득할 경우 관할 구청장의 허가를 받아야 한다. 또한 허가받은 목적대로만 이용할 의무가 발생한다. 예를 들어 주거용 토지일 경우 2년간 실거주용으로만 이용 가능하며 매매 및 임대는 금지된다.

즉, 개발 호재로 인한 기대감은 높으나 실거주요건을 충족해야 하기 때문에 세입자가 있는 매물은 거래를 할 수가 없고 투자로도 사실상 쉽지 않은 상황이 된다. 하지만 토지거래허가구역으로 지정된 지역 인근의 역삼동이나 논현동, 금호동 등으로 매수 수요가 몰리는 풍선효과가 나타나게 된다. 한마디로 정부의 의도대로 시장이 움직이지 않는다는 뜻이다.

물론 작년에 관련 법이 개정되어 올해 종부세 인상 및 양도세 추가 중과세율에 따른 영향으로 다주택자들의 주택 매수 심리가 위축되어 많은 거래가 이루어지고 있지는 않으나 간혹 거래되는 매물은 최고가에 거래되고 있다. 따라서 토지거래허가구역이 해제된 후에는 해당 지역에도 갭 매우기 식으로 자연스레 지금보다는 높은 시세에 거래될 것으로 전망된다.

| 자금조달계획서 제출 대상 확대 및 주택담보대출 규제 강화 |

기존의 자금조달계획서 제출은 투기과열지구 및 조정대상지역 내 3억 원 이상 주택을 거래하는 경우에 한정되었으나 6·17 대책이 발표된 후 거래가액과 무관하게 자금조달계획서를 제출해야 하는 것으로 변경되었다 (2020년 9월부터 적용).

특히 투기과열지구 내에서 9억 원이 초과하는 주택의 거래 신고 시 자금조달계획서 기재내용에 대한 객관적 진위를 입증할 수 있는 증빙자료를 제출해야 하며 이것은 15개의 항목에 해당된다. 또한 정부는 규제지역 내 주택담보대출 취급 시 전입·처분 요건을 강화하였으며 자세한 내용은 다음과 같다.

무주택자

- **현행** 투기지역·투기과열지구 내에서 매매가 9억 원을 초과하는 주택 구입 시 주택담보대출을 받는 경우 1년 내 전입 의무 부과(조정대상지역의 경우 2년 내 전입 의무 부과)
- **개선** 이전 규제지역(투기지역, 투기과열지구, 조정대상지역) 내 주택 구입을 위해 주택담보대출을 받는 경우 주택 가격과 관계없이 6개월 내 전입 의무 부과
- **적용 시기** 행정지도 시행 이후 신규 대출 신청 분부터 적용. 단, 행정지도 시행 전에 주택 매매계약(가계약 불포함)을 체결하고 계약금을 이미 납부한 사실을 증명한 차주, 대출 신청 접수를 완료한 차주 등에 대해서는 종전 규정 적용

1주택자

- **현행** 투기지역·투기과열지구 내 주택 구입을 위해 주택담보대출을 받는 경우 1년 내 기존 주택 처분 및 신규 주택 전입 의무 부과(조정대상지역은 2년 내 기존 주

택 처분 및 신규 주택 전입 의무 부과)

- **개선** 이전 규제지역 내 주택 구입을 위해 주택담보대출을 받는 경우 6개월 내 기존 주택 처분 및 신규 주택 전입 의무 부과
- **적용 시기** 무주택자와 동일

| 갭투자 방지 |

정부가 규제지역 내 주택담보대출 취급 시 전입·처분 요건을 강화한 배경에는 다주택자에 의한 시장 과열을 막고자 하는 의도가 담겨 있다. 따라서 갭투자 역시 현 정부 기준에서는 규제 대상이다. 이에 정부는 갭투자 방지를 위해 전세자금대출 보증 이용 제한요건을 강화했다.

우선 기존에는 시가 9억 원이 초과하는 주택 보유자에 대해서만 전세대출 보증을 제한했으나 6·17 대책에서는 9억 원에서 3억 원으로 대폭 내려 적용 대상을 확대했다. 즉, 투기지역 및 투기과열지구 내에서 시가 3억 원이 초과하는 아파트를 신규 구입하는 경우 전세대출 보증 제한 대상에 포함된다는 뜻이다. 만약 전세대출을 받은 후 투기지역 및 투기과열지구 내 3억 원 초과 아파트를 구입하는 경우 전세대출이 즉시 회수(구입 주택의 기존 임대차 계약 미완료 등 불의의 피해가 발생될 수 있는 경우에 한해 회수 규제 적용 유예)된다는 개정안도 발표되었다. 이것은 전세자금대출을 이용한 갭투자를 원천 차단하기 위한 조치라고 할 수 있다.

또한 이 개정안은 투기지역 및 투기과열지구 내에서 3억 원 초과 아파트를 신규 구입하는 경우부터 적용되며, 예외적으로 규제 시행 전에 전세

대출을 받은 경우에는 기존 전세대출 만기까지 기한이 인정된다.

한편 전세자금대출 보증한도 제한 및 즉시 회수에 대한 내용 외에도 정부는 1주택자를 대상으로 한 주택도시보증공사HUG의 전세대출 보증한도를 최대 5억 원에서 2억 원으로 인하해 1주택자의 갭투자 용도로 활용하지 못하도록 제한했다.

| 재건축·재개발 규제 |

정부가 6·17 대책에서 재건축 단지를 대상으로 안전진단의 투명성·공정성을 강화한 조치는 재건축·재개발로 인한 부동산 시장의 과열 현상을 막기 위한 조치라고 할 수 있다. 기존 재건축·재개발 단지의 안전진단은 관할 시·군·구가 1차 안전진단 기관을 선정해 진행되었다. 하지만 6·17 대책에서는 시에서 직접 안전진단을 시행하도록 개정되었으며, 1차뿐만 아니라 2차 안전진단 의뢰도 시·도 차원에서 담당하도록 바뀌었다(「도시 및 주거환경정비법」 개정 후 2021년 상반기 시행).

또한 기존에는 재건축 사업 시 거주 여부와 관계없이 모든 토지의 소유자에게 조합원의 자격요건이 부여되고, 상대적으로 낮은 가격에 분양 신청이 가능했지만 앞으로는 조합원 자격을 엄격하게 심사해 투기과열지구 내에서는 조합원 분양 신청까지 2년 이상 실거주해야 분양 신청이 허용(「도시 및 주거환경정비법」 개정(2020.12.) 후 최초 조합설립인가 신청 사업부터 적용)되는 것으로 개정 추진 중이나 아직 법 통과는 되지 않고 있다. 이것은 기존에는 가능했지만 이제는 실거주요건을 갖추지 못하면 사실상 조합원 자격을 얻을 수 없다는 것을 의미한다.

한편 재건축 초과이익환수제가 헌법재판소에서 합헌으로 판결되면서 제도의 본격 시행을 앞두고 있으며, 여기에는 재건축 사업을 규제하겠다는 정부의 강한 의지가 드러나 있다. 실제로 한남연립(17억 원), 두산연립(4억 원)을 시작으로 2021년 하반기부터 본격적으로 징수될 계획이다.

| 법인을 활용한 투기수요 근절 |

법인을 통한 부동산 매수는 투자자들이 많이 활용하는 투자 방식이다. 그런데 법인을 통해 부동산을 거래할 경우 투자자 입장에서는 법인세에 대해서만 납부 의무를 가지므로 절세 효과를 누리지만 정부는 정반대의 입장을 가질 수밖에 없다. 이에 정부는 법인을 활용한 투기수요 근절 방안을 발표했으며, 규제 내용은 다음과 같다.

주택 매매 및 임대사업자에 대한 대출 규제 강화

- **현행** 규제지역 내 주택 매매·임대사업자의 경우 주택담보대출비율(LTV) 20~50%, 비규제지역 내 주택 매매·임대사업자 LTV 규제 없음
- **개선** 모든 지역 주택 매매·임대사업자에 대해 주택담보대출 금지

법인 보유 주택에 대한 종부세율 인상

- **현행** 개인과 법인의 구분 없이 납세자별로 보유 주택의 공시가격을 합산하여 종부세 부과

• **개선** 법인 보유 주택에 대해 개인에 대한 세율 중 최고세율을 단일세율(3, 6%)로 적용, 2주택 이하(조정대상지역 내 1주택 이하)는 3%, 3주택 이상(조정대상지역 내 2주택 이상)은 6%

법인 보유 주택에 대한 종부세 공제(6억 원) 폐지

• **현행** 납세자(개인·법인)별로 종부세 공제(6억 원, 1세대 1주택 9억 원), 다주택자가 법인을 활용하는 경우 종부세 공제액 확대 가능

• **개선** 법인이 보유한 주택에 대해서는 종부세 공제 폐지

법인의 조정대상지역 내 신규 임대주택에 대해 종부세 과세

• **현행** 법인이 보유한 8년 장기임대등록 주택(수도권 6억 원, 비수도권 3억 원 이하는 종부세 비과세)

• **개선** 법인이 2020년 6월 18일 이후 조정대상지역에 8년 장기임대등록 하는 주택은 종부세 과세

법인이 보유한 주택 양도 시 추가 세율 인상

• **현행** 법인의 주택 양도 차익에 대해서는 기본 법인세율(10~25%)에 10%를 추가 적용(사택 등은 제외). 단, 8년 장기임대등록 주택(수도권 6억 원, 비수도권 3억 원 이하) 양도 시 추가 과세 제외

• **개선** 법인이 주택 양도 시 추가 세율을 20%로 인상하고, 2020년 6월 18일 이후 8년 장기임대등록을 해도 추가 세율 적용

| 실거주 2년 해야 조합원 입주권 나올까? |

2020년 6·17 대책에서 재건축 실거주 2년 요건을 담은 법안이 1년이 지나도록 국회를 통과하지 못하고 계류 중에 있다. 만약 이 법안이 통과된다면 부동산 시장에 어떤 영향을 미칠까?

그전에 실거주 2년 규제를 예상한 재건축 아파트들은 조합 설립에 속도를 냈고, 소유주들은 실거주를 위해 터전을 옮기기도 했다. 집값을 끌어올리고 전월세 시장도 더욱 불안정하게 만들었다는 비판을 받는 대목이다.

작년에 압구정 현대 아파트도 잠잠하다가 최고가를 찍었다. 급기야 최근에는 80평이 80억에 거래돼서 신규 아파트가 아닌 아파트 중에서 평당 1억 원을 찍는 경우는 거의 처음으로 등장했다. 작년에 최고가를 찍었던 이유는 조합설립인가 신청을 내고 실거주 2년을 받아야 조합원 지위를 받을 수 있는 자격이 생긴다는 법 추진 때문에 조합에서 부랴부랴 서둘러 '그동안 뜨뜻미지근하게 추진되는 재건축이 이제 본궤도에 오르는구나' 하는 수요와 조합 설립 이후 조합원 지위 양도가 안 되는 부분 때문에 고가에 매수하려는 수요가 생겼던 것이다. 물론 지금은 오세훈 서울시장 취임 이후 재건축 조합원 지위 양도 시점을 안전진단 통과 이후로 앞당기려는 움직임이 있다. 그러다 보니 세입자들을 내보내고 들어가는 경우도 있었다. 그런데 최근에는 부동산 정책에 대한 부담감이 큰 만큼 여당이 이 법안을 우선 처리하기 어려울 것이라는 관측이 나온다.

현 정부 들어 실거주요건을 강화시켰다. 2017년 8·2 대책 때 1세대 1주택자 9억 이하 비과세를 실거주 2년 해야 하는 법을 도입했다. 송파 헬리오시티의 1만 세대 가까운 사람들은 입주할 때 전월세가 확 떨어지는 경험을 했다. 또 송파 가까운 곳에 있는 엘스 아파트라든지 리센츠 아파트는 두 단지가 합해서 거의 1만 세대가 되는데 한 번에 들어설 때 전월세값이 확 떨어졌다. 그런데 예상을 뒤집고 그렇게 많이 떨어지지 않았다. 그 이유는 전월세가 생각보다 나오지 않았기 때문이다. 집주인들이 실거주요건을 갖추기 위해 들어가서 사는 일이 많았던 것이다. 그러다 보니 전월세를 구하는 사람들이 상당히 애로사항이 많았다.

또 임대차 3법에 따라 생긴 전월세 상한제라든지, 계약갱신청구권 같은 게 골치 아프니까 세입자를 내보내고 본인이 살거나 직계가족이 직접 살러 들어가는 경우가 생겼다. 2주택자, 3주택자도 가족들을 살게 하지, 세를 주는 게 아니다. 그러니까 전월세가 줄어들 수밖에 없는 것이다. 물론 전세금을 돌려주고 가족이 살기엔 부담스러운 경제 환경에 있는 사람들도 적지 않을 것이다. 전월세가 줄어들면 어떻게 될까? 바로 가격이 올라간다. 이게 심해지면 폭등이 이어지는 것이다. 폭등을 하면 어떻게 될까? 매매가를 또 끌어올리게 된다. 현 정부에서 계속해서 냈던 정책들이 계속해서 이런 부작용을 냈다.

거기에다 최근 LH 사태도 있었고, 민주당 송영길 대표가 나와서 현 정부의 부동산 정책의 흐름과 다른 정책을 자꾸 내놓다 강성지지층들의 반대에 부딪혀 무마가 됐다. 1세대 1주택자 재산세 인하와 종부세를 상위 2%에게만 부과하겠다는 게 고작 여당 안이다. 잘못하다 부동산 시장에

악영향을 미쳐서 선의의 피해자가 생길 수도 있다. 재건축을 앞두고 있는 곳에서 집주인이 실제 2년을 살아야 조합원 입주권이 나온다고 하면 바로 이런 문제가 생긴다. 그런 부분 때문에 아직 보류 중인 상태다.

예를 들어 대치동 은마 아파트와 바로 옆 비교적 신규 아파트에 들어가는 래미안 대치 팰리스의 전세가를 한번 비교해보면 이해하기 쉽다.

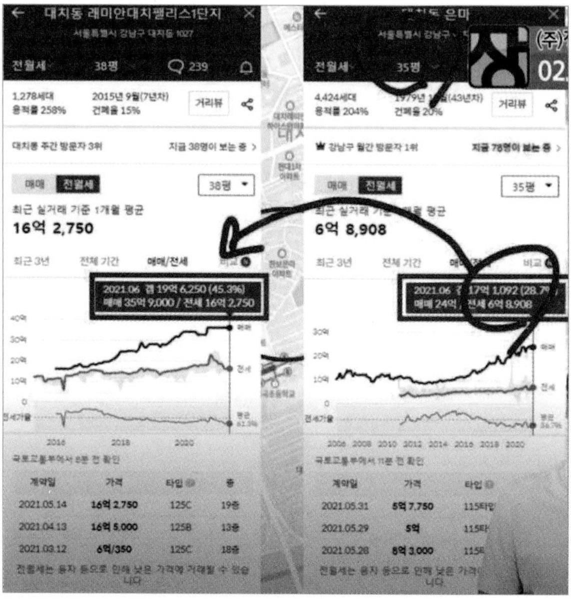

래미안 대치 팰리스 1단지 38평형의 전세가는 지금 16억이 넘어간다. 그런데 은마 아파트 35평형은 7억이 안 된다. 래미안 대치 팰리스의 절반도 안 되는 전세가의 은마 아파트에는 자녀 학교나 본인들 직장 때문에 10년, 20년 사는 사람도 많다. 그런데 여기에 집주인들이 다 들어와서 산다고 한다면 전세를 살던 사람들은 7억도 안 되는 전세가에서 16억이 넘는 집으로 이사를 가기가 쉽지 않다. 살던 곳 주변으로 이사를 가기가 힘들어지는 것이다. 재건축이 되기 전까지 평온하게 살 수 있었던 사람들이 새로운 정책으로 인해 급하게 이사를 가야 하는 상황이 발생한다.

다른 단지도 한번 살펴보자.

목동역에서 가까운 아파트는 한 2만 여세 대가 되는데 이 7단지가 대장주다. 이곳과 바로 건너편에 있는 목동 현대 하이페리온 2차 아파트를 비교해보면 7단지 36평형의 전세가는 11억이고, 하이페리온 36평형의 전세가는 14억이다.

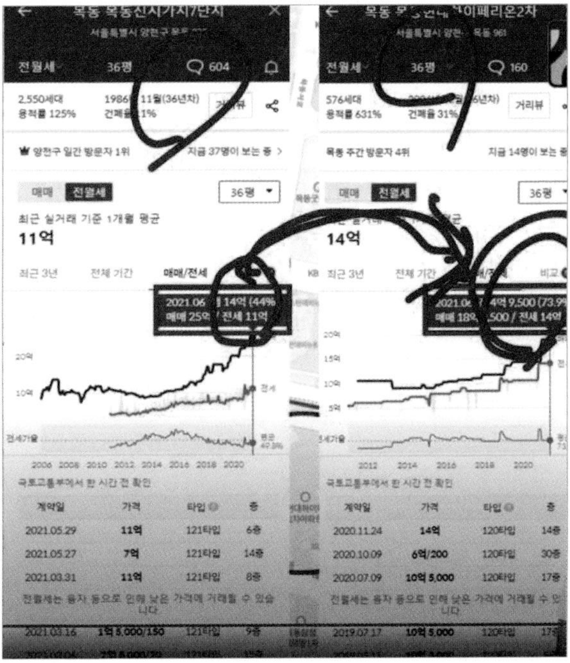

36년차임에도 불구하고 여기는 학군에 대한 선호도가 굉장히 높아서 그렇게 싸지는 않다. 은마 아파트는 주변 시세에 비해 절반도 안 됐는데 그렇게 싸지는 않지만 전세금 11억에 있던 사람이 3억을 더 얹어서 목동으로 가는 것도 쉽지가 않다.

이번에는 잠실로 넘어가 잠실 주공5단지와 2008년에 입주한 잠실 리센츠의 시세를 살펴보자. 잠실 리센츠는 33평형의 전세가가 10억 5,000 정도 되는데, 바로 옆에 있는 잠실 주공 5단지는 절반도 안 된다.

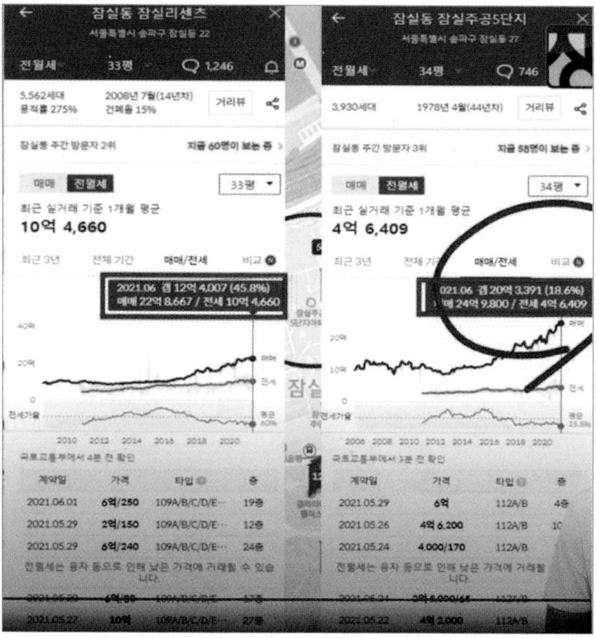

경제 자본주의 사회에서 자꾸 규제를 하고 억압을 하면 선의의 피해자가 생기고 부작용이 많이 속출한다는 것을 지금까지 정책이 바뀌면서 많

이 경험했는데 이것마저 계속해서 추진한다는 것은 좋지 않은 방법이지 않은가? 작년까지 조합설립인가가 안 된 재건축 단지는 2년 실거주요건을 갖춰야 조합원 입주권을 얻을 수 있다는 법안이 발의됐지만 아직 시행되지는 않고 있다. 만약 이 법이 시행되면 이렇게 선의의 피해자가 발생하고 부동산 시장에 불안정을 가지고 올 것이다.

말도 많고 탈도 많은 임대차 3법

| 계약갱신청구권의 모든 것 |

2020년 7월 30일과 7월 31일 각각 국회와 국무회의를 통과하면서 전면 시행된 일명 임대차 3법은 전월세 신고제와 전월세 상한제 그리고 계약갱신청구권제를 핵심으로 하는 법안으로, 그 외에 주택임대차보호법 개정안과 부동산거래신고 등에 관한 법률 개정안이 함께 포함된다. 그중 처음으로 도입된 계약갱신청구권에 대해 살펴보면 임대차 기간이 끝나기 6개월 전부터 1개월 전의 기간 동안 임차인이 임대인에게 임대차 계약을 갱신해줄 것을 요구할 수 있다는 내용을 담은 법안으로, 2020년 12월 10일 이후 최초로 체결하거나 갱신된 계약부터 적용된다.

임차인은 임대인에게 1회에 한하여 계약 갱신을 요구할 수 있으며, 갱신 시 2년의 기간이 보장된다. 단, 묵시적 갱신은 이에 포함되지 않으며,

개정된 법률에 따른 계약갱신요구권의 행사를 명확하게 의사표시 한 경우에만 해당된다. 가령 2017년에 임대차 계약을 맺은 후 2019년에 묵시적으로 계약이 갱신되었다면 이는 법률에 따른 계약갱신요구권 행사에 해당되지 않는다. 따라서 임차인은 2021년 임대인에 대해 계약갱신요구권을 행사할 권리를 갖는다.

또한 기존 계약의 연수와 상관없이 1회 2년의 갱신권이 부여된다. 단, 계약기간이 1개월 이상 남아 있어야 하며, 2020년 12월 10일 이후 최초로 체결했거나 갱신된 계약은 2개월 이상의 기간이 남아 있어야 한다.

임대차 3법 시행 이후에 계약기간이 만료되는 경우에는 임대인이 계약 만료 6개월 전부터 1개월 전까지의 기간 동안 계약 갱신을 거절했고, 법 시행 전에 제3자와 임대차 계약을 맺은 경우라면 법적 안정성을 위해 예외적으로 임차인에게 갱신요구권을 부여하지 않는다. 다만 이 경우 임대인은 법 시행 이전에 제3자와 계약을 체결했다는 사실을 명시적으로 입증할 수 있어야 하며, 임대인이 법 시행 이전이 아닌 이후에 제3자와 계약을 체결한 경우에는 기존의 임차인에게 계약갱신요구권이 부여된다. 이때 임대인이 제3자와의 계약 체결을 이유로 임차인의 계약 갱신 요구를 거절할 수 없다.

또한 임대인이 법 시행 이전에 제3자와 새로운 임대차 계약을 체결하지 않은 상태에서 임차인에게 계약 만료 6개월 전부터 1개월 전까지의 기간 동안 계약 갱신을 거절만 했다면 임차인이 계약 갱신을 요구할 수 있으며, 임대인이 계약 만료 6개월 전부터 1개월 전까지의 기간 동안 임차인과 '합의'로 계약을 갱신했다면 개정 법률(5% 임대료 증액 상한 적용)에 따라 계약 갱신을 한 차례 더 요구할 수 있다. 다만, 합의하에 계약을 갱신했을 때 임대료 증액 상한보다 더 높은 수준(5% 이상)으로 임대료를 증액했다면 임대인에게 계약 갱신을 요구해 5% 미만으로 임대료를 조정할 수 있으며, 계약갱신청구권에 따른 것이 아닌 양자 합의에 따른 계약을 그대로 유지할 경우에는 해당 계약의 계약기간 만료 시점에 계약갱신요구권을 새롭게 행사할 수 있다. 한편 계약갱신청구권 행사 시 임차인은 언제든지 임대인에게 계약 해지를 통지할 수 있으며, 효력은 임대인이 통지를 받은 날부터 3개월 이후로 한다. 즉, 임차인이 계약 해지를 통보하더라도 계약이 만료되기 이전이라면 3개월간 임대료를 납부해야 한다.

다음으로 임대인이 갱신을 거절할 수 있는 경우와 근거 규정을 살펴보면 아래 내용과 같다.

임대인이 목적 주택에 실거주할 경우 임차인에게 직접 거주의 필요성을 계약 만료 6개월 전부터 2개월 전까지의 기간 동안 통보하고 입주할 수 있다. 단, 임대인의 직접 거주 사유가 허위인 경우에는 임차인이 개정 법률에 따라 손해배상을 청구할 수 있다.

그 외에 계약갱신청구권 제도가 시행된 이후에도 임대인은 임차 중인 주택의 매도를 계약갱신청구권과 무관하게 진행할 수 있으며, 법 시행 이전에 집주인이 바뀌더라도 기존의 임차인은 계약 만료 6개월 전부터 2개월 전까지의 기간 동안 계약 갱신 요구를 할 수 있다. 단, 법 시행 이전에 집주인이 바뀌고 바뀐 집주인이 실거주를 희망하는 경우 바뀐 집주인은

임대인이 계약 갱신을 거절할 수 있는 경우

규정(개정 주임법 제6조의 3 제1항)		사례
1호	임차인이 2기의 차임액에 해당하는 금액에 이르도록 차임을 연체한 사실이 있는 경우	1) 임차인이 1, 2월분 월세를 연속하여 연체한 경우 2) 1월 연체 후 2, 3월에 지급하였다가 4월에 다시 연체한 경우
2호	임차인이 거짓이나 그 밖의 부정한 방법으로 임차한 경우	1) 임차인이 허위의 신분(이름, 주민번호 등)으로 계약한 경우 2) 주택 본래 용도가 아닌 불법영업장 등의 목적으로 임차한 경우
3호	서로 협의하여 임대인이 임차인에게 상당한 보상을 제공한 경우	임대인이 임차인에게 소정의 보상(이사비 등)을 실제 제공한 경우 * 단, 실제 제공하지 않거나 합의되지 않은 일방적인 보상은 제외
4호	임차인이 임대인의 동의 없이 목적 주택의 전부 또는 일부를 전대轉貸 한 경우	임대인의 동의 없이 전대하여 타인으로 하여금 목적 주택을 사용, 수익하게 한 경우
5호	임차인이 임차한 주택의 전부 또는 일부를 고의나 중대한 과실로 파손한 경우	1) 임차주택의 전부 또는 일부를 임대인 동의 없이 무단 증·개축 또는 개조하거나 고의로 파손한 경우 2)임차인의 중과실(화기 방치 등)로 인한 화재로 주택이 파손된 경우
6호	임차한 주택의 전부 또는 일부가 멸실되어 임대차의 목적을 달성하지 못할 경우	주택의 전부 또는 일부가 멸실되어 주거기능 상실
7호	임대인이 다음 각 목의 어느 하나에 해당하는 사유로 목적 주택의 전부 또는 대부분을 철거하거나 재건축하기 위하여 목적 주택의 점유를 회복할 필요가 있는 경우 가. 임대차 계약 체결 당시 공사 시기 및 소요 기간 등을 포함한 철거 또는 재건축 계획을 임차인에게 구체적으로 고지하고 그 계획에 따르는 경우 나. 주택이 노후·훼손 또는 일부 멸실되는 등 안전사고의 우려가 있는 경우 다. 다른 법령에 따라 철거 또는 재건축이 이루어지는 경우	
8호	임대인(임대인의 직계존속, 직계비속 포함)이 목적 주택에 실제 거주하려는 경우	
9호	그 밖에 임차인이 임차인으로서의 의무를 현저히 위반하거나 임대차를 계속하기 어려운 중대한 사유가 있는 경우	임대인 동의 없이 인테리어 공사를 하거나 원상 회복이 불가능한 정도로 인테리어 공사를 한 경우 *1호부터 8호까지 이외에 임차인의 임대차를 지속할 수 없는 경우

출처: 국토부 보도자료

기존 임차인의 계약 갱신 요구를 거절할 수 있다. 이 경우 계약 만료 6개월 전부터 2개월 전까지의 기간 동안 갱신 거절에 대한 의사표시를 해야 한다.

| 5%의 벽, 전월세 상한제 |

일명 임대차 3법으로 불리는 주택임대차보호법 개정안에는 계약갱신청구권 외에 전월세 상한제가 포함되어 있다. 전월세 상한제는 말 그대로 임대료에 상한 제한을 둔다는 뜻으로, 제한 범위는 5% 이내다.

임대료를 제한할 때에는 현재 존속 중인 계약에서 임대료를 증액하거나 임차인이 계약갱신청구권을 행사하는 경우에만 적용되며, 임대인과 임차인이 5% 범위 내에서 협의를 통해 임대료를 정할 수 있다. 즉, 무조건 5%를 올려주어야 하는 것은 아니다.

한편 해당 지역의 지자체는 조례로 임대료를 별도로 설정할 수 있으나 5%를 넘을 수 없으며, 지자체가 별도로 정하지 않으면 자동으로 5% 이내가 적용된다.

그 밖에 계약갱신청구권 행사 시 전세에서 월세로의 전환은 임차인의 동의 없이 할 수 없으며, 임차인의 동의가 있더라도 2.5% 이하로 환산해야 한다.

| 전월세 신고제 의무화 |

전월세 신고제 의무화는 말 그대로 주인인 임대인과 임차인 간의 실거래를 당국에 신고하는 것이 의무화된다는 뜻이다. 지금까지는 확정일자를 따로 받아야 임대차 보호법의 적용을 받을 수 있었지만, 전월세 신고제 의무화가 시행되면 확정일자를 받지 못해 임대보증금을 보호받지 못하는 경우는 사라질 것으로 보인다.

다만, 전월세 신고제 의무화에 따른 부작용을 어떻게 풀어갈지가 숙제다. 전월세 신고제 의무화는 모든 소득에 세금을 부과하기 위한 포석으로 활용될 여지가 다분하기 때문이다. 물론 소득이 발생하면 세금을 내는 것은 지극히 상식적인 일이지만 임대인들은 전월세 신고 의무화에 따른 세금 부담을 세입자에게 전가할 가능성이 크다. 다시 말해 단기간 내 세입자들의 부담이 과중되는 부작용을 풀어낼 방법 역시 고민할 필요가 있다.

민간택지 분양가 상한제, 무엇이 문제인가?

| 원하지 않는 결과가 나올 수 있는 민간택지 분양가 상한제 |

민간택지 분양가 상한제가 도입된 배경을 살펴보면 이전에 실시된 공공택지 분양가 상한제에서 그 연원을 찾을 수 있다. 공공택지 분양가 상한제를 실시한 후 청약자가 몰리기는 했지만 비교적 저렴한 가격에 주택을 분양한 후 정부는 집값 상승을 억제하기 위해 민간택지 분양가 상한제를 도입했다. 그런데 정부가 민간택지 분양가 상한제라는 카드를 꺼낸 데에는 또 다른 이유가 있다. 바로 후분양 역시 분양가 상한제 적용을 받게 하기 위해서다.

후분양은 약 80% 정도 건설이 진행되었을 때 분양 공급을 하기 때문에 사실상 대출을 과다하게 받지 않아도 된다는 이점이 있다. 건설사에서 아파트 분양을 위해 중도금 집단대출을 받을 때 금융권은 주택도시보증공사의 승인을 받아야 하므로 사실상 분양가격은 주택도시보증공사가 결정하는 시스템이다. 하지만 공사가 80%가량 진행되어 후분양이 이루어지면 건설사와 조합 측에서는 조합원의 분담금이 늘어나는 것을 피할 수 있기 때문에 후분양으로 가려는 움직임이 있었으나 정부가 후분양 또한 상한제 적용을 받게 할 목적으로 민간택지 분양가 상한제를 도입한 것이다.

그렇다면 민간택지 분양가 상한제가 시행될 경우 어떤 결과가 나타날까?

현 정부는 2018년 9·13 대책에서 대출 규제를 발표한 바 있다. 재건축·재개발 사업을 규제하기 위해서다. 특히 조정대상지역과 투기과열지역 모두 대출 한도를 감소시키는 한편, 재건축의 경우에는 조합이 설립된 직후부터 조합원의 지위를 양도하는 것을 금지했다.(지금은 안전진단 통과 이후로 추진 중) 재개발 역시 관리처분인가 이후부터는 양도를 제한함으로써 사실상 재개발·재건축 사업이 진행되는 것을 차단했다.(지금은 정비구역지정 이후로 추진 중) 이에 따라 정부가 의도한 대로 분양가가 낮아지는 효과는 있었다. 하지만 이것은 결과적으로 재개발·재건축 사업 중단 사태로 이어졌다. 조합원 입장에서는 일반 분양가가 낮아질수록 추가 부담금에 대한 부담은 높아지는 데다 건설사 역시 사업성이 현저하게 줄어들기 때문에 사업을 진행하기가 어렵기 때문이다.

그렇다면 민간택지 분양가 상한제 적용이 일반 분양을 받는 사람들에게는 좋을까?

아이러니하게도 분양가가 낮다고 다 좋은 것은 아니다. 분양가가 낮아지면 청약 가점이 높은 사람들이 몰려들기 때문에 일명 '로또 아파트'가 되기 십상이다.

이러한 패턴은 이명박 정권에서도 비슷하게 전개된 바 있다. 당시 이명박 정부에서는 서민의 주거 안정을 위해 보금자리주택 사업을 진행했지만 결국 실패한 정책이 되었다. 서민의 주거 안정을 위해 최대 50%까지 보금자리주택 건설을 했으나 청약 열기가 치솟으면서 보금자리주택은 로또 아파트가 된 반면, 일반 민간분양주택은 미분양 사태가 속출했기 때문이다.

현재 정부가 추진하는 민간택지 분양가 상한제 역시 이런 패턴을 반복할 확률이 높다. 이것은 곧 사업성이 떨어진다는 것을 의미한다. 그리고 필연적으로 공급률 하락으로 이어진다. 사업성이 떨어지는 사업을 건설사가 진행할 리 만무하기 때문이다. 최근에 시세가 급상승한 반포 원베일리는 평균 분양가가 3.3제곱미터당 5,600만 원 선으로 예전에 비해 많이 높아졌으나 주변 시세 대비 절반 수준으로 역시 로또 당첨이나 마찬가지다.

더구나 현재 서울 시내권에 신규 아파트 공급 계획이 많지 않아 기존 아파트에 대한 수요가 상승하는 반면, 경기권은 3기 신도시로 인한 공급 과잉으로 입주 시점에는 경기도 집값이 하락할 우려가 크다. 게다가 경기권에 두 채 이상의 집을 보유한 다주택자의 경우 다주택자 양도세 중과 등으로 세금 부담이 커지므로 자연히 서울로 몰리게 되고, 서울 아파트 가격이 더 올라가게 되면 정부의 의도와는 정반대의 역효과가 날 수 있다. 즉, 현재 서울권의 공급량 부족 문제를 원천적으로 해결하지 않는 한 정부의 의도와는 반대되는 결과가 나올 수밖에 없다.

| 분양가 상한제가 집값 안정에 도움이 되지 않는 이유 |

정부가 분양가 상한제를 발표한 후 일각에서는 집값을 잡으려는 초강수라는 분석을 내놓았다. 그렇다면 그 초강수가 집값 안정에 정말 도움이 될까?

결론부터 말하면 정부가 의도하는 대로 될 가능성은 낮다. 분양가 상한제가 시행되더라도 주변의 주택 가격은 별다른 변화 없이 유지된다는 것이 이미 증명되었기 때문이다.

그런데 정부는 왜 공공택지에 이어 민간택지까지 분양가 상한제를 도입하려는 것일까?

우선 그 배경을 살펴보면 재건축 사업으로 인한 급격한 집값 상승을 막기 위해 분양가 상한제를 도입한 것을 알 수 있다. 나아가 새롭게 분양되는 아파트의 가격을 일정 범위 이하로 떨어뜨려 주변의 오래된 집들의 가격이 떨어지도록 유도하려는 것이 정부의 의도임을 알 수 있다. 하지만 분양가 상한제로 분양가를 낮출 경우 그것은 일명 로또 분양이 된다.

예를 들면 주변 시세가 12억 이상인 아파트를 6억 원이 안 되는 가격에 분양한다고 해도 낮은 분양가가 주변의 높은 시세를 끌어내릴 수는 없다. 분양가가 낮더라도 입주 시점이 되면 주변 시세에 맞게 가격이 상승할 뿐만 아니라 입주가 시작되면 신축 프리미엄까지 더해 대장주가 되기 때문이다.

사실 이 방식은 예전에도 몇 번 시도된 것으로, 결과는 매번 분양받은 사람은 아주 낮은 가격에 분양을 받아 큰 시세 차익을 얻고 주변의 주택 가격은 별다른 영향을 받지 않은 것으로 마무리되었다. 즉, 정부 입장에서는 아주 좋은 취지로 의미 있게 들고 나온 카드이지만 의도한 결과로는 이어지지 않은 것이다.

| 분양가 상한제의 나비 효과 |

민간택지 분양가 상한제가 도입됨에 따라 가장 큰 이득을 보는 사람은 아무래도 청약 가점이 높은 사람들이 될 수밖에 없다. 분양가 상한제 덕분에 아주 낮은 가격에 분양을 받는 만큼 이후의 시세 차익 역시 커질 수밖에 없기 때문이다.

문제는 재개발·재건축 조합원들이다. 이들의 경우 부담해야 할 분담금이 있는데 분양가 상한제의 영향으로 일반 분양가가 낮아지면 차액만큼 조합원이 부담을 해야 하는 상황이 된다. 즉, 재개발·재건축 지역의 조합원들은 원래 얻을 수 있는 수익이 줄어들고 청약 당첨자들은 그야말로 로또 청약에 당첨되는 셈이다.

문제는 또 있다. 이전에는 분양을 받은 뒤 주로 전세를 주었지만 지금은 2~3년의 의무 거주 기한이 생기면서 서울 중심권의 전세 공급량이 떨어지는 결과로 이어졌다. 이것은 곧 전세가가 상승한다는 것을 의미한다. 즉, 투기수요가 급격하게 상승할 수 있다는 이야기다.

또한 민간택지 분양가 상한제가 도입됨에 따라 중장기적으로 집값이 상승할 것으로 보인다. 아파트 분양가를 제한하고 주변 시세까지 떨어뜨리기 위해 도입된 제도가 분양가 상한제인데 역으로 집값을 상승시키게 되는 이유는 무엇일까? 그것은 '합리적 기대'를 갖는 사람들의 심리 때문이다.

처음 분양가 상한제를 도입했을 때 다소 주춤하는 반응이 있었지만 국토부를 비롯한 각 부서에서 부작용에 대한 이견이 나오는 데다, 분양가 상한제에 대한 부정적인 여론이 커지면서 분양가 상한제가 오래가지 못할 정책이라는 심리가 더해져 집값 상승의 요인으로 작용할 수 있다. 즉, 정부의 의도대로 집값이 떨어지는 것이 아니라 반대로 상승할 가능성이 높기 때문에 더 오를 거라는 기대감에 보다 높은 가격에 매수할 거라는 예측이다.

부동산은 마치 톱니바퀴처럼 각각의 제도가 맞물려 돌아가야 하지만 현재의 시장 상황은 한쪽을 과하게 건드려서 다른 한쪽까지 탈이 나는 형국이라고 할 수 있다. 물론 정부 입장에서는 집값을 잡기 위해 각고의 노력을 다하는 것이겠지만 규제를 했을 때 시장이 어떤 메커니즘으로 반응하는지에 대한 성찰 역시 함께 이루어져야 한다. 그 부분이 부재하다면 규제는 더 큰 부작용을 불러올 뿐이다.

| 분양가 상한제 속 투자 전략 |

서울의 중심권에서 사는 것을 굳이 마다할 사람은 없다. 하지만 집을 무한정 만들어낼 수는 없기 때문에 중심권에 사는 사람이 있으면 주변 지역에 사는 사람도 생기기 마련이다. 물론 외곽에서 살고 있다고 중심권에 못 들어간다는 법은 없다. 전략을 잘 세우고 이기는 게임을 계속하다 보면 얼마든지 원하는 지역의 매물을 살 수 있다.

지금은 민간택지 분양가 상한제를 비롯해 여러 가지 규제 때문에 어느 시점에는 공급 부족 현상이 나타날 시기다. 그 시점이 오고 나면 어떤 정부가 들어서더라도 규제를 완화할 수밖에 없고 그러면 부동산은 상승세를 타게 된다. 즉, 지금은 상승 시점을 준비해야 하는 시기다. 따라서 가격이 최대한 오를 만한 데를 찾아 투자하는 것이 중요하다. 공급 부족 현상이 올 거라고 아무 데나 투자하라는 이야기가 아니다.

부동산 가격이 오르는 이유는 여러 가지가 있지만 가장 확실한 이유는 고용 창출이 되는 곳이기 때문이다. 그리고 고용이 일어나려면 우선 교통이 좋아야 한다. GTX나 지하철역이 들어오는 곳에 투자수요가 몰리는 이유 중 하나가 이것이다. 게다가 교통 호재의 경우 원래도 부동산 가격에 반영되어 있지만 착공을 하고 준공이 되면 더 오르기 때문에 지하철역이 들어오는 지역을 눈여겨볼 필요가 있다. 특히 그중에서도 대장주, 즉 세대수가 많거나 또는 세대가 조금 적더라도 입지 조건이 뛰어난 매물을 공략할 줄 알아야 한다.

예를 들어 서울에서도 강남이나 용산 같은 지역이 부동산 투자를 하기에 좋은 지역인데, 강남은 고용 창출이 많이 되기 때문이고 용산은 개발 호재가 많기 때문이다.

부동산 투자를 할 때에는 이런 식으로 가격이 최대한 오를 만한 지역을 선별해 효율적으로 투자하는 전략이 필요하다. 그 밖에 교통 호재, 개발 호재가 앞으로 부동산 가격에 어떤 영향을 미칠 것인지 심도 있게 분석하는 것도 중요하다.

이처럼 부동산 투자를 할 때에는 가격이 오르는 원리를 이해하고 여러 가지 요인을 복합적으로 분석할 줄 알아야 한다. 그런 능력과 안목만 있다면 당장의 여력이 부족하더라도 얼마든지 자산 증식이 가능하다. 그리고 그것을 가능하게 해주는 곳이 바로 부동산 시장이다.

| 이거 모르면 큰 낭패 본다, 전월세 금지 |

분양가 상한제 적용을 받는 아파트를 분양받은 사람은 2021년 2월 19일이라는 날짜를 기억해야 한다. 이날 이후에 새로 분양을 받은 분양자는 분양받은 아파트에 전월세를 놓을 수 없기 때문이다.

기존에는 공공택지에 분양하는 아파트에만 분양가격에 따라 3~5년가량의 의무 거주기간이 있었지만 주택법이 개정되면서 민간택지 분양 아파트에까지 이 같은 규정이 적용되게 되었다. 심지어 이를 지키지 않을 경우 징역 1년이나 벌금 1,000만 원에 달하는 처벌을 받을 수 있어 각별한 주의가 필요하다.

물론 불가피하게 의무 거주기간을 지키지 못할 경우는 예외로 두며 예외 규정은 다음과 같다.

1 분양가 상한제 적용 주택 입주자의 거주 의무 예외 사유(안 제60조의 2 제2항 신설)

수도권 분양가 상한제 적용 공동주택 거주 의무기간

구분	분양 가격	거주 의무기간
공공택지에서 건설·공급되는 주택	인근 지역 주택 매매가격의 80% 미만	5년
	인근 지역 주택 매매가격의 80~100%	3년
민간택지에서 건설·공급되는 주택	인근 지역 주택 매매 가격의 80% 미만	3년
	인근 지역 주택 매매가격의 80~100%	2년

출처: 국토교통부

- 해외 체류, 근무, 생업, 취학 또는 질병 치료 목적으로 다른 주택 건설 지역에 거주, 혼인 또는 이혼으로 배우자의 거주 등 부득이한 사유가 있는 경우 입주자가 해당 주택에 거주한 것으로 간주

2 전매행위 제한의 예외 사유 추가(안 제73조 제4항 제8호 신설)

- 주택을 공급받은 자의 생업상의 사정 등으로 전매가 불가피하다고 인정되는 경우에 실직, 파산 또는 신용불량으로 경제적 어려움이 발생한 경우 추가

공공택지에 이어 민간택지 분양가 상한제 적용 주택에까지 거주 의무기간을 두는 것은 실거주요건을 강화하려는 의도로 해석된다. 따라서 분양가 상한제 적용을 받는 주택인데 거주기간을 지키지 못하는 경우에는 예외 규정에 포함되는지 LH 공사에 문의해 정확히 확인하는 것이 중요하다. 또한 법을 잘 모를 경우 큰 낭패를 볼 수 있으므로 부동산을 구입할 때에는 관련 규정을 꼼꼼히 챙길 필요가 있다.

분양가 상한제를 제외한 정책 관련 정보

| 등록임대사업제 개편 |

7·10 대책에서 드러난 임대등록제도 개편안은 아파트는 신규 등록 폐지하고 임대 의무기간을 채우면 자동말소 하고 그 외 주택에 대해서는 신규 등록은 단기 4년, 장기 8년을 10년 등록제 한 가지만으로 도입하기로 했다. 단, 임대 의무기간 종료 전이라도 자발적으로 말소를 희망할 경우 적법 사업자에 한해 이를 허용하며, 임대 의무기간을 준수하지 않은 것에 대한 과태료는 면제한다.

또한 사업자 관리 강화 차원에서 매년 등록사업자의 공적 의무(임대 의무기간 준수, 임대료 증액 제한, 임대차 계약 신고 등) 준수 여부를 중점적으로 점검하고 위반사항 적발 시 과태료 부과 및 등록 임대사업자 등록 말소, 세제 혜택 환수 등의 행정처분을 내리는 것으로 개편되었다.

한편 장기 일반 민간임대주택에 대한 양도소득세 특례 적용 기한이 현행보다 2년 단축되었으며(2022년 12월 31일 ⇨ 2020년 12월 21일로 종료), 양도 차익에 대한 장기보유 특별공제율이 50% 적용(10년 이상 임대 시 70%)되었다. 양도소득세 적용도 등록 시점부터 사업 기간 동안의 양도차익을 공시가로 안분해 당초 전체 양도 차익에 대한 공제율 혜택보다 줄어들게 되었다.

| 무주택 실수요자를 위한 내 집 마련 지원 |

공급률 확대 및 소득 요건 완화

7·10 대책에서는 다주택자에 대한 규제와 더불어 서민과 실수요자를 중심으로 한 내 집 마련 지원책이 함께 발표되었다. 정부는 생애최초 특

생애최초 특별공급 확대안

구분			특별공급						일반공급
			합계	기관추천	다자녀	노부모	신혼	생애최초	
국민주택	종전		80%	15%	10%	5%	30%	20%	20%
	변경		85%	15%	10%	5%	30%	25%	15%
민영주택	종전		43%	10%	10%	3%	20%	-	57%
	변경	공공택지	58%	10%	10%	3%	20%	15%	42%
		민간택지	50%	10%	10%	3%	20%	7%	50%

출처: 국토교통부 보도자료

별공급을 확대해 국민주택뿐만 아니라 민영주택에도 생애최초 특별공급 적용 제도를 도입할 예정이며, 정부가 발표한 생애최초 특별공급 확대안에서도 볼 수 있듯이 기존 80%였던 국민주택 공급률을 85%로 확대했으며 이에 따라 국민주택 중 일반 공급은 20%에서 15%로 감경되었다.

민영주택의 경우 기존의 공급률 43%가 공공택지 58%, 민간택지 50%로 각각 변경되었으며 공공택지에서 생애최초주택 비율이 15%로 늘어나면서 일반공급률은 42%로 하향 조정되었다. 민간택지 역시 생애최초주택 비율이 7%로 늘어나면서 일반 공급은 50%로 줄어들었다. 정부의 이러한 조치는 무주택 실수요자에게 좀 더 많은 기회를 주기 위한 의도로

민영주택 신혼부부 특별공급 소득 요건 완화 내용

분양가	소득 요건(현재)	
	우선(75%)	일반(25%)
3억 원 이하	소득 요건 100% (맞벌이 120%)	소득 요건 120% (맞벌이 130%)
3억~6억 원		
6억~9억 원		

요건 완화	
우선(75%)	일반(25%)
100%(맞벌이 120%)	120%(맞벌이 130%)
100%(맞벌이 120%)	120%(맞벌이 130%)
100%(맞벌이 120%)	120%(맞벌이 130%)
	생애최초주택 구입130%(맞벌이 140%)

출처: 국토교통부 보도자료

볼 수 있으나 이전부터 가점을 높여온 수요자들에게는 공급량이 그만큼 줄어드는 결과가 초래될 수밖에 없다.

이외에도 정부는 신혼부부 특별공급 중 우선(75%)을 제외한 나머지 일반(25%) 공급에서 기존의 소득 요건을 완화하기로 했으며, 그중에서도 생애최초의 경우에는 소득 요건을 더 완화해주는 방안을 채택했다.

생애최초주택 취득세 감면 및 중저가 주택 재산세율 인하

생애최초주택 취득세 감면 혜택은 현재까지 신혼부부에 한해서만 허용했으나 앞으로는 연령 및 혼인 여부와 관계없이 확대 적용하기로 개편했다. 1억 5,000만 원 이하 주택인 경우에는 100% 감면, 1억 5,000만 원 초과 3억 원 미만(수도권 4억 원) 이하는 50%를 감면받을 수 있다. 또한 중저가 주택에 대한 재산세율도 인하된다.

그 밖에도 정부는 사전 분양 물량을 9,000호에서 약 3만 호 이상 확대하는 방안을 발표했으며, 3기 신도시의 조기 공급을 위해 2021년부터 사전 청약을 추진하기로 했다. 사전 청약이란 미리 당첨자를 선정하는 제도로, 부동산 시장 안정을 위해 부동산 가격 상승 시 매수 심리로 인한 불안감을 줄여주기 위한 조치로 해석된다. 하지만 현재 집값이 계속해서 오르고 있는 데다 20~30대층에서 이른바 영끌로 집을 사들이는 수요가 많아지고 있어 앞으로도 집값 가격 상승은 불가피할 것으로 전망된다. 이 같은 현상이 벌어지는 이유는 지금 집을 사지 않으면 영영 집을 사지 못할 것 같은 불안 심리가 작용했기 때문이다. 여기에 공급 부족으로 집값이 상승하고 있어 본 청약 시기인 2023년보다 2년여 앞당겨 사전 청약을 시행한다고 해도 서울 도심권에는 공급을 하지 않고 외곽 택지지구만 개발해서 집값을 잡을 수 있을지는 회의적인 시각이 많다.

물론 2·4 주택공급대책에서 변창흠 국토교통부 장관이 서울시 내 32만 호를 공급하겠다는 발표를 했지만 이것은 민간 토지를 공공이 주도해 개발을 하겠다는 계획이어서 현실적으로 쉽지 않을 것으로 보인다. 특히 지자체장과의 협의가 필요한 사안인데 얼마 전 있었던 서울시장 선거와 내년 대통령 선거 등 정치적으로 많은 변수가 있어 안정된 정책이라고 보기는 어렵다. 더 중요한 것은 발표한 대로 진행이 된다고 해도 최소 10년은 되어야 입주가 가능하므로 이 정책이 집값을 안정시킬 수 있다고 보기는 어렵다는 분석이 지배적이다.

서민·실수요자 소득 기준 완화

규제지역 내 서민, 실수요자의 소득 요건과 주택담보대출 요건이 계속 바뀌어 책을 쓰면서 몇 번의 수정을 거쳤다.

얼마 전 2021년 7월에 발표한 내용은 우선 우대혜택 대상 소득 기준은 부부합산 연소득 8,000만 원 이하에서 9,000만 원 이하로 상향 조정됐고, 생애최초 구입자는 연소득 9,000만원에서 1억 원 미만으로 상향 조정됐다.

우대 혜택을 적용받을 수 있는 집값 기준도 투기과열지구는 6억 원에서 9억 원으로, 조정대상지역은 5억 원에서 8억 원으로 상향 조정됐다. LTV(주택담보대출비율)도 투기과열지구에서 60%(종전 50%), 6억 원~9억 원

구간 50%, 조정대상지역에서는 5억 원 이하에서는 70%(종전 60%), 5억 원~8억 원 구간에서는 60%를 적용하고 DTI(소득 대비 대출 기준)도 투기과열지구에서는 당초 50%였지만 60%로 올렸다. 다만 대출 한도는 4억 원으로 제한된다.

한편 규제지역 지정 및 변경 전까지 입주자 모집이 공고된 사업장의 경우 무주택자 및 처분조건부 1주택자 잔금대출에 한해서는 규제지역 지정 및 변경 전의 대출 규제가 적용되며 해당되는 경우 이 부분을 잘 확인해 둘 필요가 있다.

전월세자금 지원

전세인 경우 만 34세 이하 청년의 버팀목 대출금리가 1.5~2.1%로, 기존보다 0.3% 인하되며, 일반 대출금리 역시 1.8~2.4%로 종전보다 0.3%p 인하된다. 대출 대상은 보증금 7,000만 원에서 1억 원으로 확대되는 한편, 지원 한도는 기존 5,000만 원에서 7,000만 원으로 확대되는 혜택이 주어진다.

월세는 청년 전용으로 보증부 월세 대출금리가 보증금 1.3%, 월세 1.0%로, 종전보다 0.5%p 인하되며 일반 월세 대출금리 역시 1.0~2.0%로 기존보다 0.5%p 인하된다.

| 2·4 공급대책 심층 분석 |

정부는 지난 2월 4일, 역세권의 용적률을 최대 700%까지 올려 도심권에 주택을 공급할 계획을 발표했다. 또한 역세권의 범위도 500m로 넓혀서 저층 주거지를 개발할 계획을 발표했는데, 이것은 서울 주변의 그린벨트를 풀어서 택지개발을 해오던 기존의 방식과는 상당히 다른 정책이라고 볼 수 있다.

그 외에도 정부는 낙후지역이 많은 준공업지역에 산업시설 및 일자리, 주거 비율을 높여 깨끗하게 재정비해 주택 공급률을 늘리는 방안을 발표했다. 이에 따라 전국적으로는 83만 호, 서울에는 32만 호의 주택이 공급될 예정이다.

2·4 공급대책은 물량 공급이 많다는 것이 강점으로 꼽히고 있으며, 이 점은 이른바 영끌로 매수하려는 사람들에게 심리적인 안정감을 주는 효과가 있을 것으로 기대되고 있다. 하지만 이 대책이 실효성을 가지려면 중요한 전제조건이 있다. 바로 실현 가능한 전략인가 하는 점이다.

정부가 발표한 공급대책은 도심에도 공급을 할 테니 높은 가격에 집을 사려고 하지 말라는 시그널로 볼 수 있다. 하지만 실제 공급은 빨라야 7~8년 후에 이루어지게 되고, 분양 청약 역시 2~3년 후에나 가능하다. 물론 이 부분과 관련해 정부 나름대로 대책을 발표한 바 있다.

정부는 공급대책이 빠르게 진행될 수 있도록 토지주, 세입자, 영세상인 모두에게 인센티브를 제공하는 방안을 발표했으며 재개발 사업 진행을 위한 동의 비율도 축소했다. 통상적인 경우 세입자, 임대업자 모두에게 동의를 받기 어려워 사업 진행이 난항을 겪는 경우가 많지만 이 경우 기존 3/4 동의에서 2/3로 동의 비율이 축소되어 보다 빠른 진행이 가능할 것으로 기대되고 있다.

또한 토지주에게는 기존에 비해 10~30%에 달하는 추가 수익률을 보장해 저소득 고령 토지주를 적극적으로 지원할 예정이며, 세입자에게는 공공임대주택을 보장해 동의율을 높이는 방안을 발표했다. 영세상인 역시 유사한 임대료를 내고 다른 곳에서 장사를 할 수 있도록 임시 영업시설 조정 등 이주 대책을 내놓은 바 있다. 하지만 이러한 노력에도 불구하고 2·4 공급대책의 맹점은 여전히 있어 보인다.

우선 첫 번째로 정부 주도로 진행하는 사업인데 내년 봄 대선을 앞둔 정권 말기에 시작하는 사업이 순조롭게 마무리될 수 있느냐는 것이다. 정권이 바뀌면 전 정권에서 비교적 성공적으로 이루어졌던 사업도 중단하는 판에 정권 말기에 시작해 대통령이 두 번은 바뀌어야 마무리될 수 있는 시간이 많이 걸리는 사업이, 그것도 신규 택지를 개발하는 게 아닌 민간을 설득시켜 진행하는 사업이 순조롭게 성공적으로 마무리할 수 있느냐는 것이다.

두 번째 맹점은 입주까지 7~8년, 최장 10년 이상이 걸린다는 점이다. 지난 1980년대 100만~200만 호에 달하는 물량을 공급할 때 공공택지의 경우 7~8년이 걸렸다는 점을 감안하면 민간택지의 경우에는 더 걸릴 가능성을 배제할 수 없다. 특히 아무리 좋은 조건을 제시해도 그냥 이대로 살겠다고 하는 주민들이 많다고 하면 사업이 현실적으로 진행되기 어렵다는 것이다. 필자는 소형 빌라 10세대를 매수해 재건축하려고 소위 지주 설득 작업을 했던 적이 있었다. 9세대는 시세보다 조금 더 비싸게 매도하는 데 동의했으나 1세대는 몇 달 동안 설득이 되지 않아 1 대 1 재건축과 건축 기간 약 6개월여 기간에 본인이 살던 곳 주변에 주거비(월세)를 지원해 주기로 했는데도 동의하지 않고 전화도 받지 않았던 경험이 있다.

세 번째는 공공정비사업 대상지로 지정된 후(2021년 6월 28일 이후 매수자로 변경됨) 제3자가 해당 주택을 구입할 경우 그 사람한테 입주권이 없다는 것이 치명적인 맹점으로 꼽힌다. 이 경우 사실상 매매가 불가능하기 때문에 개인 사정으로 집을 매도해야 하는 사람 입장에서는 집이 팔리지 않는 것에 불만을 가질 수밖에 없다. 물론 공공이 사들이겠다고 할 수는 있지만 거기에는 막대한 비용이 소요되므로 사실상 공공정비사업 내 실거주 차원의 이주는 불가능하다고 봐야 한다.

마지막으로 부동산 가격이나 거래량이 10~20% 이상 상승하는 지역은 사업 후보지에서 제외한다는 방침을 발표했는데 이 역시 사실상 사업 진행을 어렵게 하는 요인으로 작용할 여지가 크다. 이 조건을 만족시키려면 선정 후에도 집값이 뛰지 않아야 하는데 부동산 시장 특성상 그러기가 쉽지 않기 때문이다. 따라서 2·4 공급대책이 원활히 이루어지기 위해서는 앞에서 살펴본 맹점들이 우선적으로 해결되어야 하며, 좀 더 촘촘한 공급대책을 세워야 부동산을 구입하려는 사람들에게 심리적 안정을 줄 수 있을 것으로 판단된다.

SUMMARY

3부 정책을 이기는 부동산 투자 전략

6·17 부동산 대책으로 달라지는 것들

2020년 6월 17일 부동산 대책에서는 기존의 조정대상지역 외에 경기도와 인천, 세종, 대전, 청주 등 다수 지역이 조정대상지역으로 선정되었으며 경기, 인천, 대구 수성, 세종, 대전 내 일부 지역이 투기과열지구로 격상되었다. 6·17 부동산 대책을 두고 전문가들이 이전에 비해 상당히 강도 높은 규제라고 보는 이유는 예전에는 규제 전에 청약을 한 경우에는 어느 정도 대출을 받을 수 있는 여지를 남겨뒀지만 6·17 대책이 발표되면서 대출이 제한되었기 때문이다. 이것은 매수자가 그만큼 적어진다는 것을 의미하며, 주택을 매도하고 싶어도 매도할 수 없는 상황까지 갈 수 있다는 것을 뜻한다.

말도 많고 탈도 많은 임대차 3법

임대차 3법은 전월세 신고제, 전월세 상한제, 계약갱신청구권제를 핵심으로 하는 법안으로, 그 외에 주택임대차보호법 개정안과 부동산거래신고 등에 관한 법률 개정안이 함께 포함된다. 임대인이 계약 갱신을 거절할 수 있는 경우도 있으므로 빠짐없이 숙지하고 있어야 한다.

민간택지 분양가 상한제, 무엇이 문제인가?

민간택지 분양가 상한제가 도입된 배경을 살펴보면 이전에 실시된 공공택지 분양가 상한제에서 그 연원을 찾을 수 있다. 공공택지 분양가 상한제를 실시한 후 청약자가 몰리기는 했지만 비교적 저렴한 가격에 주택을 분양한 후 정부는 집값 상승을 억제하기 위해 민간택지 분양가 상한제를 도입했다. 그런데 정부가 민간택지 분양가 상한제라는 카드를 꺼낸 데에는 또 다른 이유가 있다. 바로 후분양 역시 분양가 상한제 적용을 받게 하기 위해서다.

분양가 상한제를 제외한 정책 관련 정보

7·10 대책에서 드러난 임대등록제도 개편안은 다세대 연립주택의 경우에만 세제 혜택을 주고, 아파트 임대(장기·단기)는 세제 혜택을 폐지하는 것이 주요 내용이다. 7·10 대책에서는 다주택자에 대한 규제와 더불어 서민과 실수요자를 중심으로 한 내 집 마련 지원책이 함께 발표되었다. 지난 2월 4일에는 역세권의 용적률을 최대 700%까지 올려 도심권에 주택을 공급할 계획과 더불어 역세권의 범위도 500m로 넓혀서 저층 주거지를 개발할 계획도 발표했는데, 이것은 서울 주변의 그린벨트를 풀어서 택지개발을 해오던 기존의 방식과는 상당히 다른 정책이라고 볼 수 있다.

PART 4

부동산, '세금'과 싸워라

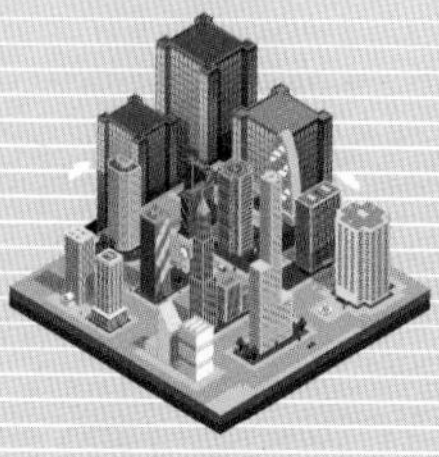

- 2020년 부동산 세법 개정안
- 아는 만큼 돈 번다, 부동산 절세 비법
- 조정대상지역 규제에 대한 모든 것
- 알아두면 유용한 주택임대사업자를 위한 세금 혜택
- 성공 투자를 위한 세법 정복
- 고강도 부동산 규제 속 투자 전략

2020년 부동산 세법 개정안

| 종합부동산세 |

2020년 7월 10일, 정부는 다주택자에 대한 세율을 크게 인상했다. 여기에는 다주택자들이 보유한 매물을 시장에 내놓게 하기 위한 의도가 담겨 있는 것으로 해석되고 있다.

우선 종합부동산세를 살펴보면 일반세율은 0.1~0.3%p씩 소폭 증가하는 경향을 보였으나 3주택 이상 및 조정대상지역 내 2주택 이상 보유자에 대해서는 0.6~2.8%p 비율로 인상해 1주택자와 다주택자 간의 격차가 크게 벌어진 것을 알 수 있다. 또한 조정대상지역 내 2주택자의 종합부동세 부담 상한율을 200%에서 300%로 인상해 1년 사이에 종합부동산세를 세 배까지 부과할 수 있는 근거가 마련되었다. 반면 실수요 1주택자의 세 부담 경감을 위해 1세대 1주택을 보유한 고령자의 경우 세액 공제율을 구간

종부세율 인상(안)

시가 (다주택자 기준)	과표	일반			3주택 이상 *조정대상지역 2주택(%)		
		현행	개정	증가(%p)	현행	개정	증가
8~12.2억	3억 이하	0.5	0.6	0.1	0.6	1.2	0.6
12.2~15.4억	3~6억	0.7	0.8	0.1	0.9	1.6	0.7
15.4~23.3억	6~12억	1.0	1.2	0.2	1.3	2.2	0.9
23.3~69억	12~50억	1.4	1.6	0.2	1.8	3.6	1.8
69~123.5억	50~94억	2.0	2.2	0.2	2.5	5.0	2.5
123.5억 초과	94억 초과	2.7	3.0	0.3	3.2	6.0	2.8

*공시가격 현실화율 75~85%, 공정시장가액 비율 95%를 적용했을 경우

출처: 국토교통부 보도자료

1세대 1주택 보유자 합산 공제율(2021년 6월 1일 기준 보유자부터 적용)

고령자 공제			장기보유 공제(현행 유지)	
연령	공제율(%)		보유기간	공제율(%)
	현행	개정		
60~65세	10	20	5~10년	20
65~70세	20	30	10~15년	40
70세 이상	30	40	15년 이상	50

출처: 국토교통부 보도자료

별로 10%p 상향했으며, 고령자 공제와 장기보유 공제를 합산한 공제율의 한도도 70%에서 80%까지 상향 조정했다.

양도소득세

양도소득세 역시 다주택자와 단기 보유 주택에 대한 세 부담이 증가했다. 정부는 1년 미만 보유 주택에 대해서는 양도소득세율을 기존 40%에서 70%로 상향하고, 1~2년 보유일 경우 기존 기본세율에서 60%로 상향 조정했다. 또한 분양권은 1년 미만 보유할 경우 70%, 2년 미만~2년 이상 보유할 경우에는 60%의 세율을 부과했다.

양도소득세율 인상(안)

구분 주택 외 부동산		현행			12·16 대책	개정	
		주택 입주권	분양권	주택 입주권	주택 입주권	주택 입주권	분양권
보유 기간	1년 미만	50%	40%	조정대상지역: 50% 기타 지역: 기본세율	50%	70%	70%
	2년 미만	40%	기본세율		40%	60%	60%
	2년 이상	기본세율	기본세율		기본세율	기본세율	

출처: 국토교통부 보도자료

다주택자에 대한 세율은 조정대상지역에 2주택을 가지고 있을 경우 20%p, 3주택 이상일 경우에는 30%p로 각각 10%p가 인상되었다. 단, 조정대상지역과 비조정대상지역에 한 채씩 보유하고 있을 경우 비조정대상지역의 부동산을 먼저 매도하면 기본세율의 적용을 받는다. 반대로 조정대상지역의 매물을 먼저 매도할 경우 중과세율이 적용되므로 주의할 필요가 있다.

한편 1세대 1주택자의 경우라도 실거래가가 9억 원을 초과할 경우 장기보유특별공제율 혜택을 받는데 새롭게 추가된 요건을 충족해야 한다. 즉, 기존에는 보유만 하고 있으면 10년간 최대 80%까지 장기보유 특별공제를 받을 수 있었지만 개정안에서는 거주요건이 추가되었으며, 보유 및 거주기간에 따른 공제율은 다음과 같다.

보유 및 거주기간별 공제율

기간(년)		3~4	4~5	5~6	6~7	7~8	8~9	9~10	10년 이상
현행(%)	보유	24	32	40	48	56	64	72	80
개정(%)	보유	12	16	20	24	28	32	36	40
	거주	12	16	20	24	28	32	36	40
	합계	24	32	40	48	56	64	72	80

출처: 국토교통부 보도자료

이외에 주택분양권 역시 양도소득세제상 주택수에 포함하는 것으로 개정되었으며, 양도소득세와 관련된 개정안은 2021년 6월 1일 이후 양도분부터 적용된다.

| 취득세 |

취득세 역시 다주택자, 법인 등을 대상으로 취득세율을 인상했다. 2주택 이상인 경우에는 8%, 3주택 이상 소유자와 법인은 12%로 인상하는 방안을 발표했다. 또한 법인 전환을 통한 세 부담 회피를 방지하기 위해 부동산 매매·임대법 법인에 한해서는 취득세 감면 혜택(75%)에서 배제시켰다.

취득세율 인상(안)

<table>
<tr><th colspan="3">현재</th></tr>
<tr><td rowspan="4">개인</td><td>1주택</td><td rowspan="3">주택 가액에 따라 1~3%</td></tr>
<tr><td>2주택</td></tr>
<tr><td>3주택</td></tr>
<tr><td>4주택 이상</td><td>4%</td></tr>
<tr><td colspan="2">법인</td><td>주택 가액에 따라 1~3%</td></tr>
</table>

<table>
<tr><th colspan="3">개정</th></tr>
<tr><td rowspan="4">개인</td><td>1주택</td><td>주택 가액에 따라 1~3%</td></tr>
<tr><td>2주택</td><td>8%</td></tr>
<tr><td>3주택</td><td rowspan="3">12%</td></tr>
<tr><td>4주택 이상</td></tr>
<tr><td colspan="2">법인</td></tr>
</table>

출처: 국토교통부 보도자료

재산세의 경우에도 다주택자에 대한 세 부담을 늘리는 방향으로 개정되었다. 특히 주목할 만한 부분으로 부동산 신탁을 원소유자로 변경해야 한다는 사안을 들 수 있다. 이것은 다주택자들이 주택을 신탁할 경우 수탁자인 신탁자가 납세의무자가 되어 종부세 부담이 완화되는 것을 방지하기 위한 조항으로, 다주택자들이 보유한 부동산을 시장에 내놓게 하기 위한 전략으로 해석된다.

아는 만큼 돈 번다, 부동산 절세 비법

| 청약 시 주택에 포함되지 않는 보유 주택 활용법 |

부동산 투자를 할 때 세법을 잘 알면 이득을 보지만 잘 모르면 외려 손해를 보는 경우가 있다. 가령 20㎡ 이하 주택을 보유한 경우 청약 시 무주택으로 간주되는데 이를 잘 몰라 청약 신청을 하지 않는 경우가 있다.

실질적으로는 집 한 채를 갖고 있지만 20㎡ 이하 주택인 경우 청약 시 무주택으로 간주를 해주기에 유리한 조건으로 청약을 받을 수 있는데, 이를 모르고 기회를 놓치는 경우가 의외로 많기 때문에 부동산 관련 정책을 꼼꼼히 알아두는 것이 중요하다. 다만 2호 또는 2세대 이상의 주택 또는 분양권 등을 소유하고 있는 경우는 제외되므로 이 부분에 대해서도 정확히 알고 있어야 한다.

그 밖에 소형 저가 주택 등을 1호 또는 1세대만 소유한 세대에 속한 사람인 경우 제28조(민영주택의 일반공급)에 따라 주택 공급을 신청할 수 있다. 여기서 소형·저가주택이란 입주자 모집 공고일 현재 주거전용면적 60㎡ 이하의 주택으로서 수도권은 1억 3,000만 원 이하, 주택 수도권 이외의 지역은 8,000만 원 이하 주택을 말한다. 단, 이 경우는 민영주택 가점제 청약 시에만 적용되며 국민주택의 경우에는 적용되지 않는다. 또한 위의 사례는 '청약 시'에만 적용되고 '양도 시'에는 적용되지 않는다는 것을 반드시 숙지해야 한다.

조정대상지역 내 다주택자 양도소득세 절세 전략

부동산 시장을 분석하다 보면 건물 자체는 그대로지만 가격과 정책은 늘 변한다는 것을 알 수 있다. 따라서 새 정책이 발표되면 내가 가진 매물에 해당되는 내용인지를 확인하고 대응 전략을 세우는 것이 중요하다.

예를 들어 부동산 거래에 따른 양도세를 계산할 때 처음에는 기본공제가 되지만 연 1회에 한해서만 적용된다는 것을 알아야 한다. 즉, 1년에 2건 이상 부동산을 양도하게 되면 합산과세가 된다는 것을 주의할 필요가 있다. 또한 보유기간이 2년 미만인 경우 단기매매로 분류되어 높은 세율이 과세되므로 이 부분도 유의해야 한다. 다시 말해 최소 2년 동안 보유를 해야 기본공제를 받을 수 있다.

장기보유 특별공제율 역시 마찬가지다. 정부는 2019년 1월 1일 양도 분부터 장기보유 공제율을 3%에서 2%로 축소하는 한편, 2020년 1월 1일 이후 양도 분부터는 2년 거주요건을 추가했다. 또 2021년 1월 1일 이후 양도 분부터는 다주택자의 경우 최종 남은 1주택을 보유한 날로부터 2년이 지나야 비과세를 받을 수 있으므로 이 부분을 혼동하지 않도록 주의해야 한다.

한편 1가구 1주택인 경우 9억 이하 주택에 대해서는 비과세가 적용된다. 9억 초과 부분에 대해서는 장기보유 특별공제가 적용되는데, 10년 이상 보유 시 거주 여부와 상관없이 최대 80%까지 공제가 가능했지만 2020년 1월 1일 이후 양도 분부터는 거주기간 2년 요건이 추가되었다. 또한 2021년 1월 1일 이후 양도 분부터 보유 10년 최대 40%, 거주 10년 40%가 적용되어 보유와 거주요건이 구분된다. 마지막으로 2주택 이상인 경우에는 비조정대상지역 내 주택에 한해 15년 동안 최대 30%까지 공제된다.

위에서 말한 내용들을 보면 알 수 있듯이 다주택자가 양도소득세를 절세하려면 우선 부동산을 처분하기 전, 중과세 적용 여부를 면밀히 파악하는 것이 가장 중요하다. 또한 조정대상지역 내에 있느냐, 비조정대상지역 내에 있느냐 여부에 따라서도 전략을 다르게 세우는 등 꼼꼼한 대응이 필요하다. 가령 조정대상지역과 비조정대상지역 내에 각각 한 채씩 가지고 있다면 먼저 비조정대상지역 내의 매물을 처분하는 것이 유리하며, 모두 조정대상지역 내에 있다면 양도세가 적은 것을 처분하는 것이 당연히 이득이다.

그 밖에 양도소득세 절세를 위해 별도의 세대를 구성하는 자녀에게 증여를 고려하거나 법인 설립을 적극적으로 검토해볼 필요도 있다. 아파트의 경우 실거래가 기준으로 증여를 하지만, 단독주택 또는 다가구주택은

장기보유 특별공제율

구분	최대 80%(1세대 1주택자)			최대 30%(다주택자)
	2020년	2021년 1월 1일 이후		현행
		보유	거주	
3년	24%	12%	12%	6%
4년	32%	16%	16%	8%
5년	40%	20%	20%	10%
6년	48%	24%	24%	12%
7년	56%	28%	28%	14%
8년	64%	32%	32%	16%
9년	72%	36%	36%	18%
10년	80%	40%	40%	20%
11년				22%
12년				24%
13년				26%
14년				28%
15년				30%

공시가격을 기준으로 증여세가 과세되므로 금액에 따라 증여가 유리한 경우도 있으니 경우의 수를 잘 따져봐야 한다.

법인 설립의 경우 법인 사업자의 갭투자가 집값을 올리는 주범이라고 판단한 정부에 의해 종부세, 취득세 등의 혜택이 취소되어 투자자로서의 메리트가 감소된 것은 사실이다. 하지만 법인을 통해 상가나 건물을 보유한다면 대출 한도가 높을 뿐만 아니라 높은 양도세 대신 상대적으로 낮은 법인세로 세금이 징수되므로 세금 계산 시 법인 설립이 유리한 측면이 있다. 따라서 이 부분 역시 어느 쪽이 유리한지 면밀히 검토해 신중히 판단해야 한다.

한편 2주택 이상자에게 중과를 제외해주는 경우가 있는데 취학 등 부득이한 사유로 취득한 주택, 혼인 합가일로부터 5년 이내 양도하는 주택, 노부모 동거봉양 합가일로부터 10년 이내 양도하는 주택, 소송 관련 주택에 대해서는 중과를 면제해준다. 물론 각각의 요건에 맞는 증빙을 해야 하며, 취득 당시 기준시가 3억 이하 주택에 한해서만 적용된다. 또한 취득 후 1년 이상 거주해야 하며 사유 해소 후 3년 이내에 양도해야 중과 제외 혜택을 받을 수 있다.

반면 배우자에게 6억 이하로 증여한 후 매도하면 양도세가 거의 없었지만 이제는 비과세 혜택을 받으려면 5년이 지난 후에 매도해야 비과세 혜택을 받을 수 있으므로 유의해야 한다. 만약 5년 이내에 매도할 경우 증여 시의 금액이 아닌 원 취득가로 양도세가 과세된다(소득세법 97조 2의 1항).

양도소득세 세율에 대해서도 알아두어야 할 점이 있는데 2주택 이상은 일반세율에서 20%가 과세되고, 3주택 이상은 30% 이상이 과세된다는 점이다. 또한 2021년 6월 1일부터는 추가 10%가 적용되므로 이 부분을 잘 알아두어야 한다. 단, 수도권, 광역시, 세종시 외 지역에 소재하는 주택으로 양도 당시 기준시가 3억 이하에 해당되면 양도세 중과를 받지 않으므로 이 내용도 잘 체크해둘 필요가 있다.

이 외에도 비과세를 받을 수 있는 요건들이 있는데 60세 이상 부모를 봉양할 경우 10년 이내에 양도하는 주택은 어떤 주택이라도 비과세 혜택이 주어진다. 또한 60세 미만이라고 하더라도 암, 희귀성 질환, 중증 질환이 있는 경우 합가하면 비과세 적용이 가능하다. 반면 비과세를 받기 위해 위장이혼을 했을 경우 생계를 같이하면 1세대 2주택으로 간주, 비과세 혜택에서 제외하므로 이 부분에 대한 주의가 필요하다.

정부는 농어촌 주택 취득자에 대해서는 일반주택 양도소득세 과세특례 적용기한을 연장해주는 한편, 적용요건 또한 합리화했으며 자세한 내용은 다음과 같다.

농어촌 주택 등 취득자에 대한 일반주택 양도소득세 과세특례 적용기한 연장 및 적용요건 합리화
(조특법 99조의 4)

현행	개정안
1세대 1주택 비과세 판정 시 농어촌·고향주택 비합산 특례 〈요건〉 - 660㎡(200평) 이하 - 수도권, 인구 20만 초과 시 투기지역 제외 - 기준시가 2억 원 이하(한옥 4억 원) 〈적용기한〉 - 2020.12.31.	요건 변경 및 적용기한 2년 연장 〈요건〉 - 660㎡(200평) 이하 삭제 - 수도권, 인구 20만 초과 시 조정대상지역 제외 - 기준시가 2억 원 이하(한옥 4억 원) 동일 〈적용기한〉 - 2022.12.31.

* 2021.1.1. 이후 취득하는 분부터 적용

조정대상지역 2주택자에 대한 농어촌 주택 등 취득 시 양도소득세 과세특례 적용기한 종료
(조특법 99조의 4)

현행	개정안
조정대상지역 2주택자(양도 시점 합산 공시가격 6억 원 이하)에 대한 중과세율 적용 배제 및 장기보유 특별공제 허용 특례 〈요건〉 - 1주택 양도 후 양도세 신고기간 내 농어촌, 고향주택 취득 〈적용기한〉 - 2020.12.31.	적용기한 종료

| 정부 VS 다주택자, 최종 승자는 누구? |

2021년 6월 1일은 중요한 날이다. 왜냐하면 6월 1일부터 양도세가 조정대상지역에서 10%씩 더 중과되기 때문이다. 2주택은 +20%, 일반과세 +20%, 3주택 이상은 일반과세 +30%다. 그리고 6월 1일 주택을 보유한 사람이 연말에 종부세를 내게 되는데 그 요율이 중과가 된다. 즉, 2주택 이상부터는 두 배 가까이 중과가 되는 셈이다. 6월 1일 이전에 많은 매물이 나올 것이라던 사람들의 예상은 빗나갔다.

그러면 앞으로는 또 어떻게 될까? 정부와 다주택자의 싸움에서 최종 승자는 누가 될 것인가? 이제껏 기나긴 시간 동안 싸움을 해왔다. 2018년 4월 1일부터 다주택자 양도세 중과가 시작되면서 정부는 계속해서 다주택자를 압박했다. 주택임대사업자는 2018년 9·14 대책부터 세제 혜택을 줄이기 시작했고 그 이후로 여러 차례 줄이기 시작하다 급기야 최근에는 주택임대사업자가 종료되면 아예 주택임대사업자를 없애겠다는 얘기까지 나오고 있다. 그러면 결국 남은 것은 시간과의 싸움이다.

정부에서는 계속해서 압박을 하는데도 다주택자의 매물이 나오지 않자 초강세를 둔 것인데 과연 승자는 누가 될 것인가. 자산 시장에는 정권과 맞서지 말라는 격언이 있다. 정책에 맞서는 투자 패턴을 가지면 안 된다는 건 당연한 말이다. 근데 지금 어떠한가? 많은 사람들이 정책의 의도대로 가지 않는다. 정책의 의도대로 가지 않는 이유는 너무 불합리하다고 생각하기 때문이다.

정권은 세금 등 각종 정책과 감독, 입법 권한을 움켜쥐고 있다. 부동산이든 주식이든 코인이든, 정권을 거역하면 값비싼 대가를 치러야 한다. 하지만 다주택자들은 청개구리처럼 정권이 제시한 방향과 정반대로 움직이며 버티기를 지속했고 지금까지는 승자였다.

전 국토부장관이 영끌 해서 집 사는 2030세대가 안타깝다고 했는데 영끌족이 옳았고 정부의 말은 다 틀렸다. 그런데 이제 지금부터 정부와 다주택자의 힘겨루기 싸움이 시작된 건데 결국 당정의 후퇴는 없다.

송영길 민주당 새 대표가 들어서면서 김진표 부동산특별위원장을 내세우며 여러 가지 정책을 펼치려고 했지만 일부 민주당 의원들이 지금 왜 다주택자나 부동산 완화책을 쓰느냐고 말함으로써 민주당 지지율이 더 떨어지고 있다고 해석하는 사람도 있다. 또 계속 부동산 완화책을 쓰지 않아서 오히려 성난 민심이 돌아서고 있다고 보는 사람도 있다. 결국 새로운 당대표도 기존의 입장을 고수할 수밖에 없는 처지에 놓여 있다.

누구의 말이 맞는지는 모르겠지만 결국 1주택자 재산세 9억 이하만 감면해주는 선에서 거의 마무리되고 있기 때문에 새로운 부동산 대책은 없다고 볼 수 있다.

그럼 이제 관건은 집값인데 오르면 버티고 내리면 내놓을 것은 당연한 이야기다. 그런데 금리 인상 움직임도 다주택자들에게는 달갑지 않다. 시장에서는 한국은행이 급증하는 가계부채를 의식해 미국 연준Fed보다 앞서 연내 기준금리를 올릴 것으로 예상한다. 현재 가계부채가 1,700조가량 된다. 그런데 금리가 인상되면 집값 하락에 어느 정도는 영향을 미치겠지만 꼭 비례하는 것은 아니다. 집값이라는 게 여러 가지 요소가 합해진 결과로 나오는 것인데 또 하나의 변수는 8개월 앞으로 다가온 대통령 선거다.

부동산 시장 불안이 계속 이어질 경우 다주택자 양도세 문제는 다시 수면 위로 떠오를 것이다. 정부가 잔뜩 공을 들이는 공공재개발과 오세훈 서울시장의 민간 주도 재개발·재건축은 다주택자들의 버티기에 도움이 될 전망이다. 서울 도심 개발 열풍은 오세훈 발 재건축 아파트 급등에서 확인했듯 집값을 밀어올리는 동력이다. 결국 다주택자들의 매물 출회 여부는 무엇보다 향후 집값에 좌우될 것이다. 지금 서울시에서 정부에 제안을 한 상태다.

재건축·재개발을 활발하게 활성화시키기 위해 재건축의 경우에는 조합 설립 이후에 바로 조합원 지위 양도가 안 되던 것을 바로 안전진단 이후로 앞당기고, 재개발의 경우에는 관리처분인가 이후부터 조합원 지위 양도가 안 되던 것을 조합 설립 이후로 앞당기자는 움직임이 있다. 하지만 과연 대선을 앞두고 어떻게 갈 것인가가 관건이다. 이번에 정책을 확인했듯이 민주당이 다주택자 양도세 중과를 한시적으로 완화시켜주기는 쉽지 않다. 열성 지지층들이 떠나는 문제가 있기 때문이다. 1주택자에 대해 대출 완화나 종부세 완화가 나올 수는 있겠지만 다주택자 양도세를 완화시키기는 쉽지 않을 것이다.

지금 미국에서도 부양책으로 6,700조를 뿌리겠다고 하고, 우리나라도 올해 경제성장률을 4%대로 계속 올리고 있다. 그만큼 경제는 조금씩 회복되면서 지금 돈으로 부양책을 쓰고 있는데 금리 인상을 한다고 해서 그

돈들을 빨아들일 수 있을까? 결국 화폐가치를 떨어트리면서 시중에 많은 돈이 나도는 것을 급격하게 잡기는 힘들 것이다.

예를 들자면 0.25%인 기준금리를 갑자기 2%, 3%대로 한 번에 올릴 수는 없는 일이다. 그래서 규제보다는 오히려 시중에 나도는 돈이 더 유리할 수도 있다. 다만 재건축·재개발 같은 경우 조합원 지위 양도를 앞당긴다고 하면 거래는 잘 안 되며 지금과 같은 상태로 비슷하게 유지되면서 간혹 높은 가격에 거래될 가능성은 있지 않을까 싶다. 2022년 대통령 선거가 지나면 2년 뒤 국회의원 선거가 있는데 아마도 국회의원 선거가 있기 전인 2023년부터 변화가 좀 있을 듯하다.

조정대상지역 규제에 대한 모든 것

| 조정대상지역이 되면 알아야 할 것들 |

조정대상지역에 선정되었을 경우 세법과 관련해 우선적으로 알아야 할 점은 담보대출비율LTV이 줄어든다는 점이다. 현재 9억 이하 주택의 경우에는 50%, 9억 초과의 경우에는 30% 한도로 주택담보대출이 이루어지고 있으며 실수요자의 경우 10%p가량 우대를 받을 수 있다. 총부채상환비율DTI의 경우에도 실수요자는 50%에서 10%p가량 우대 혜택이 주어진다. 반면 다주택자의 경우 양도세가 중과되고 장기보유 특별공제에서 배제된다. 다주택자 양도세의 경우 2021년 6월 1일 이후 양도 분부터 2주택자+20%p, 3주택자+30%p 비율로 과세되며 분양권 역시 2021년 취득 분부터 주택수에 포함된다.

양도세 외에도 2021년 6월 1일 이후 조정대상지역 내 2주택 이상을 보

종부세율 인상안

과표	2주택 이하 (조정대상지역 2주택 제외, %)		3주택 이상+조정대상지역 2주택(%)		
	현행	12·16	현행	12·16	개정
3억 이하	0.5	0.6	0.6	0.8	1.2
3~6억	0.7	0.8	0.9	1.2	1.6
6~12억	1.0	1.2	1.3	1.6	2.2
12~50억	1.4	1.6	1.8	2.0	3.6
50~94억	2.0	2.2	2.5	3.0	5.0
94억 초과	2.7	3.0	3.2	4.0	6.0

유하고 있을 경우에는 종합부동산세가 추가 과세되며 보유세 역시 2주택자 200%, 3주택자 300%의 비율로 상향된다. 한편 일시적 2주택자의 경우 1년 이내에 신규 주택으로 전입해야 하며, 종전 주택은 1년 이내에 양도해야 한다.

| 조정대상지역이 되면 달라지는 것들 |

앞에서 다룬 대로 조정대상지역 내 주택 양도 시 2021년 6월 1일부터 2주택자는 20%, 3주택자는 30%의 비율로 양도세가 중과된다. 분양권은 전매 시 보유기간과 상관없이 2021년 6월 1일 이전에는 50%의 세율이 적용된다. 또한 2021년 6월 1일 이후에 분양권을 전매하는 경우에는 조정대상지역 또는 비조정대상지역 여부에 상관없이 2년 이상 보유하더라도 60% 세율을 적용한다. 단, 보유기간이 1년 미만인 경우에는 70%, 1년 이상인 경우에는 60% 비율이 적용된다.

그 밖에 1주택 이상 보유한 자가 신규로 임대주택을 취·등록한 경우 임대주택 세제 혜택이 축소되며 양도세 중과, 종합부동산세 합산과세가 부과된다.

가장 중요한 규제 적용 시기

세법이 개정되면 나에게 어떤 사항이 해당되고 언제부터 시행되는지 체크하는 것은 매우 중요하다. 그것을 꿰고 있어야 매매 전략을 짤 수 있기 때문이다. 그런 면에서 잘 알아두어야 할 점 중 하나가 2017년 8월 3일 취득 분부터는 2년간 거주해야 비과세를 받을 수 있다는 점이다. 즉, 2017년 8월 3일부터 주택을 구입한 1세대 1주택자가 비과세를 받으려면 2년 실거주요건을 충족해야 한다.

분양권의 경우 예전에는 지역에 따라 1년 후에는 6~42%의 일반과세로 매도하는 것이 가능했지만 이제 기간과 상관없이 50% 세율이 적용되며, 이것은 2018년 1월 1일 양도 분부터 해당된다. 또한 2021년 1월 1일 이후 취득 분부터 분양권이 주택수에 포함되며, 2021년 6월 1일부터는 보유기간이 1년 미만인 분양권을 양도 시 70%, 1~2년 미만인 경우는 60%의 세율이 적용된다.

한편 임대등록을 한다고 해도 현재는 10년짜리 장기임대주택만 등록이 가능하며 아파트는 장기임대사업자 대상에 포함되지 않는다. 즉, 아파트와 단기임대주택은 자동으로 말소된다. 이 부분에서 정확히 알아두어야 할 점은, 장기임대주택 중 종합부동산세 과세 대상이 되는 주택은 2018년 9월 13일 이후에 취득한 주택이라는 점이다. 다시 말해 2018년 9월 13일 이전에 취득한 주택이라면 지금 주택임대사업자 등록을 해도 종합부동산세 과세 대상에서 배제되며, 양도세 역시 중과 대상에 포함되지 않는다. 단기임대주택(4년)의 경우에는 2018년 3월 31일 이전에 취득하고 주택임대사업자에 등록한 주택만 종합부동산세와 양도세 중과 대상에서 배제된다.

8년 이상 장기일반 민간임대주택의 경우 9·13 대책 이후 가액요건이 추가되었으며, 9월 14일 취득 분부터 조정대상지역 내 2주택을 보유한 경우 중과 과세에 포함된다. 즉, 중과 대상이 아닌 임대주택은 비과세가 아닌 일반과세 대상이라는 의미다.

보유세(종합부동산세+재산세)는 매년 6월 1일을 기준으로 주택을 보유하고 있는 사람이 내는 세금으로, 조정대상지역 안에 2주택만 갖고 있어도 보유세 요율이 높아진다는 것에 유의해야 한다. 보유세 중 종합부동산세는 매년 12월에 납부하며, 재산세는 7월과 9월 두 차례에 나눠서 납부해야 한다.

조정대상지역 비과세 혜택

조정대상지역 내에 있다고 하더라도 비과세 혜택을 받을 수 있는 경우가 있다. 대표적인 경우가 일시적 1가구 2주택이다. 직장, 학업 등 부득이한 이유로 두 번째 주택을 구입했을 경우 비과세 혜택을 받으려면 첫 번째 주택을 취득한 후 1년이 지나서 두 번째 주택을 취득해야 한다. 두 주택 모두 조정대상지역이 아니라면 두 번째 주택 취득 후 3년 이내에 첫 번째 주택을 매도하면 비과세를 받을 수 있다.

단, 조정대상지역에서 2018년 9월 13일 이후 주택을 취득한 일시적 1가구 2주택인 경우에는 종전 주택을 2년 이내에 매도해야 비과세 요건이 충족되며, 2020년 12월 16일 이후에 취득한 주택은 첫 번째 주택을 1년 이내에 매도해야 비과세 적용을 받을 수 있다.

알아두면 유용한 주택임대사업자를 위한 세금 혜택

| 주택임대사업자 양도소득세 1편-비과세 요건 |

문재인 정부 들어서 주택임대사업자를 장려하기 위해 여러 가지 세제 혜택을 주었지만 이것이 투기를 부추긴다고 판단해 세금 혜택을 줄인 것은 주지의 사실이다. 하지만 남아 있는 혜택도 꽤 되는데 그중 하나가 양도소득세 비과세 혜택이다.

현재 정부는 2019년 2월 12일 이후 취득 분부터 주택임대사업자가 살고 있는 거주 주택을 양도할 때 5년 이상 임대, 거주 주택은 2년 이상 거주 요건을 충족할 경우 비과세 혜택을 주고 있다. 단, 단기임대사업자의 경우 2020년 7월 11일에 폐지되어 더 이상 재등록을 할 수 없기 때문에 기존 5년에서 4년만 임대를 하더라도 비과세 적용을 받는다.

한편 임대를 주는 주택이 여러 채일 경우 예전에는 주택임대사업이 종료된 주택에 실거주하면 그 시점부터 비과세를 받을 수 있고 다른 주택도 같은 조건으로 비과세를 받을 수 있었지만 주택임대사업자의 거주 주택 비과세는 평생 한 번만 받을 수 있도록 관련 법이 개정되었다. 이것은 한 채라도 주택임대사업을 하고 있다면 거주 주택 비과세는 한 번만 적용할 수 있다는 것을 의미한다. 단, 주택임대사업을 더 이상 하지 않는다면, 비과세 요건만 갖추면 거주 주택 비과세 혜택을 계속해서 받을 수 있는 길은 열려 있다.

주택임대사업자 양도소득세 2편-세제 혜택

주택임대사업자가 양도소득세 세제 혜택을 받으려면 혜택별로 가액요건과 면적요건을 충족해야 한다. 여기서 가액요건이란 임대주택으로 등록한 주택의 '임대 개시일 당시 기준시가'가 6억 원(수도권 밖은 3억 원) 이하에 해당하는지 여부다. 현재 주택임대사업자가 양도소득세 세제 혜택을 받으려면 대부분의 경우 가액요건을 충족해야 한다.

면적요건은 임대주택으로 등록한 주택의 '전용면적이 국민주택 규모 이하'에 해당하는지 여부를 뜻하는 것으로, 가액요건과 달리 '장기보유 특별공제율 특례 적용'과 '양도소득세 100% 감면'만이 면적요건을 요구하고 있다. 단, 이 면적요건은 '임대 개시일 당시 전용면적'이라는 별도 규정이 존재하지 않기 때문에 임대주택 등록 시점부터 양도 시점까지 국민주택 규모 이하의 요건을 계속 충족해야 세제 혜택을 받을 수 있다.

그 밖의 세제 혜택으로는, 2018년 3월 31일까지 등록한 임대주택에는

양도소득세 세제 혜택별 가액요건과 면적요건

양도소득세 세제 혜택	2018.09.13. 이전 취득		2018.09.14. 이후 취득	
	가액요건	면적요건	가액요건	면적요건
1세대 1주택 비과세 거주요건 배제	X	X	X	X
거주 주택 비과세 특례	O	X	O	X
다주택자 양도소득세 중과 배제	O	X	O	X
장기보유 특별공제율 추가 적용	O	X	O	X
장기보유 특별공제율 특례 적용	X	O	O	O
양도소득세 100% 감면	X	O	O	O

중과세가 아닌 일반과세가 적용된다는 점이 있다. 즉, 조정대상지역 내에 2주택 이상을 보유하고 있으면 임대 시 중과가 되지만 이 경우 중과가 아닌 일반과세 혜택을 준다는 것이다.

특히 장기임대사업자는 이후에 등록을 해도 취득 시점이 2018년 9월 13일 이전이면 세제 혜택을 받을 수 있다. 단기임대사업자 및 아파트 장기 일반 매입 임대사업자의 경우 7·10 대책으로 폐지되었으며, 기존 주택 임대사업자 등록자가 자진 말소 후 2020년 12월 31일까지 10년 장기임대 사업자로 등록한 경우 장기보유 특별공제 특례 적용이 가능하다. 이때 자진 말소는 의무 임대기간의 절반 이상의 기간, 즉 장기(8년)의 경우 4년 이상, 단기는 2년 이상 임대 사업을 해야 세제 혜택을 받을 수 있다.

한편 주택임대사업자 장기보유 특별공제에 관한 특례 적용이 본래는

2022년 12월 31일까지 8년 이상 임대한 경우 50%, 10년 이상은 70%의 세제 혜택을 주기로 되어 있었다. 하지만 주택임대사업자로 등록했을 때의 혜택이 많아 주택 수요가 많아지고 임대 사업기간 동안 주택이 매도·매물로 나오지 않자 집값 상승을 우려한 정부가 특례 적용을 2020년까지로 축소했다. 주택임대사업자 장기보유 특별공제 특례 적용률은 다음과 같다.

① 국민주택 규모 이하일 것

② 임대 개시일 당시 기준시가 6억 원(수도권 밖은 3억 원) 이하일 것

③ 장기임대주택으로 등록하여 8년(10년) 이하 계속해서 임대할 것

④ 임대료(임대보증금) 증액 제한을 준수할 것

⑤ 법 소정 기한까지 지방자치단체 및 세무서에 주택임대사업자로 등록할 것

(매입 임대 2020.12.31. / 건설 임대 2022.12.31.)

이 밖에도 임대 개시일 현재 기준시가가 6억 이하 주택(수도권 밖은 3억 이하)인 경우 2018년 3월 31일 이전에 등록하고 5년 이상 임대했을 경우 양도세 중과를 하지 않으며, 2018년 4월 1일 이후에 등록했을 경우는 준공공임대주택을 최소 8년 동안 임대하면 양도세 중과에 적용되지 않는다. 단, 9·13 대책에 따라 2018년 9월 13일 이후에 취득한 주택은 양도세가 중과된다.

| 주택임대사업자 취득세·재산세 감면 받는 방법 |

정부는 현재 주택임대사업자로 등록하면 주택 구입 시 취득세를 감면해 주고 있다. 단, 일정 요건을 만족해야 하는데, 취득세 감면 적용요건은 다음과 같다.

① 전용면적 60㎡ 이하

② 공동주택을 건축하거나 공동주택(아파트 제외) 및 오피스텔을 최초로 분양받아 취득

③ 취득가액이 6억 원(수도권 밖 3억 원) 이하(2020.08.12. 이후 취득 분부터 적용)

④ 의무 임대기간 준수

⑤ 임대료 증액 제한 준수

⑥ 취득일로부터 60일 이내 지방자치단체에 임대주택으로 등록

⑦ 감면기한 2021년 12월 31일까지

취득세와 함께 재산세 역시 임대사업자 본인이 거주하는 호를 제외한 나머지 호 전부를 임대하는 경우(임대 목적으로 제공하는 부분만 해당) 규정에 따라 감면받을 수 있다. 단, 나머지 호실이 모두 40㎡ 이하여야 하며, 근생건물인 경우 주택으로 간주되지 않기 때문에 주택임대사업자 등록이 불가해 재산세 감면 대상이 아니라는 점도 유의해야 한다.

한편 장기일반 민간임대주택으로 등록할 경우 전용면적에 따라 재산세를 감면해준다. 전용면적 40㎡ 이하의 공동주택, 다가구주택, 오피스텔

에 대해서는 100% 감면해주며, 40㎡ 초과, 60㎡ 이하인 경우에는 75% 감면해주고, 60㎡ 초과, 85㎡ 이하인 경우에는 50%를 감면해준다. 이때 종합부동산세에는 합산되지 않으며, 9·13 대책 이후 조정대상지역 밖은 낮은 요율을 적용하고 있다.

2호 이상 임대할 경우에는 전용면적 60㎡ 이하는 75%, 85㎡ 이하는 50%를 감면해주고 있으며, 2019년 1월 1일부터는 40㎡ 이하 1호도 감면혜택을 받을 수 있다.

성공 투자를 위한 세법 정복

| 조정대상지역 내 다주택자→양도소득세 중과세 판단 프로세스 |

지난 2017년 발표된 8·2 대책을 기점으로 현재 정부는 양도소득세 중과제도를 시행하고 있다. 일반과세가 아닌 중과가 된다는 것은 양도소득세와 관련해 절세 전략이 중요해졌다는 것을 의미하며, 그런 만큼 양도소득세 중과세를 판단하는 프로세스에 대해 잘 알아둘 필요가 있다.

우선 양도소득세 중과 대상 주택은 조정대상지역 내에 위치한 주택이며 비조정대상지역 내 주택에는 해당되지 않는다. 주택수는 세대 단위로 판정하는데 조합원 입주권과 아파트 분양권이 주택수에 포함된다. 단, 2021년 1월 1일 이후 취득한 분양권 양도 시 주택수에 포함되며 기존에 취득한 분양권은 포함되지 않는다. 단, 1주택과 분양권 보유자의 경우 1주택에 대한 비과세는 적용하지 않는다.

주거용 오피스텔의 경우 세입자가 거주하면서 확정신고를 하면 주택수에 포함되며 다가구주택은 하나의 주택으로 간주되는데, 이때 다가구와 다세대를 잘 판단해야 한다. 다가구 주택의 경우는 한 개로 치며, 공동상속주택의 경우 지분이 가장 큰 상속자에 한해서만 주택수에 포함되고 지분이 적은 쪽은 양도소득세 과세 때 주택수에 포함되지 않는다. 단, 공동소유주택의 경우에는 공동소유자 각자의 주택수로 포함된다. 한편 2021년 6월 1일 양도 분부터 인상된 중과세율이 적용되며 1세대 2주택의 경우 기본세율+20%, 1세대 3주택은 기본세율+30%에서 각각 10%가 추가로 중과된다.

1세대 1주택 양도소득세 비과세 거주요건 적용

1세대 1주택자의 양도소득세 비과세 적용 시 거주요건에 대한 부분은 여러 차례 개정되어 발표되었기 때문에 내용을 정확히 알아둘 필요가 있다.

우선 정부는 2년간 보유만 하고 있어도 비과세를 받을 수 있었던 기존의 제도를 폐지하고 2년간 실거주를 해야 한다는 요건을 발표한 바 있다. 하지만 분양받은 사람의 경우 소유권 이전도 안 되어 있는 상태에서 2년 실거주요건 충족이 어렵기 때문에 다시 발표한 내용이 2017년 8월 3일 이후 조정대상지역 내의 주택을 취득하는 경우 2년 이상 거주해야 비과세 혜택을 준다는 내용이다. 즉, 2017년 8월 2일 이전에 주택을 취득한 경우는 거주요건이 적용되지 않는다는 것을 의미하며, 이때 취득 시기는 잔금청산일 또는 소유권 이전 등기일 중 빠른 날을 선택하면 된다.

한편 정부는 이후 2017년 8월 2일 이전에 무주택 상태에서 매매계약을 맺고 계약금을 지급한 경우도 거주요건 제외 대상에 포함시켰다. 이에 따라 2017년 8월 2일 이전에 분양받아 입주를 앞둔 경우는 실거주요건을 충족하지 않고 2년간 보유하기만 해도 비과세 적용을 받을 수 있다.

중국과 한국의 부동산 세금 비교

중국에도 취득세와 보유세, 양도세는 있지만 종합부동산세가 없고 대신 개인소득세가 있다. 중국에서 매입 시 세금은 취득세와 명의 변경 등기비, 두 가지가 있다. 취득세는 조금 작은 평형이냐 아니냐에 따라서 약간 달라진다. 90㎡는 한국 평수로 하면 27평이 되는데, 90㎡를 초과한 부동산을 구매할 경우 총액의 1.5%를 취득세로 내야 한다.

중국은 취득세 책정 방법이 굉장히 간단한 반면 우리나라는 1주택 조정대상지역이라는 게 있고, 집값이 많이 오른 지역을 조정대상지역, 규제지역이 아닌 지역을 비조정대상지역이라고 하는데 일반주택 1주택, 비규제지역에 2주택까지는 금액에 따라 1~3.5%로 나뉜다. 면적에 따라 간단하게 세율을 매기는 중국에 비하면 우리나라는 2주택자가 조정대상지역 8%, 3주택자 12%, 법인 12%로 굉장히 복잡하게 달라진다.

중국의 부동산 매입 세금

내용	비용
취득세 (9월부터 면적 상관없이 총액 +3%로 상승)	- 90㎡ 이하 총액×1% - 90㎡ 초과 총액×1.5%
명의 변경 등기비	80위안/건

우리나라의 표준세율

과세표준		취득세	지방교육세	
6억 이하		1.00%	0.10%	3% (취득세의 경우 누진세율이 아닌 비례세율 적용)
6억 초과 9억 이하	6.5억	1.33%	0.1%~0.3%	
	7억	1.67%		
	7.5억	2.00%		
	8억	2.33%		
	8.5억	2.67%		
	9억	3.00%		
9억 초과		3.00%	0.30%	
원시 취득(신축), 상속		2.80%	0.16%	
무상 취득(증여)		3.50%	0.30%	

우리나라의 다주택자·법인 등 중과세율

취득세	유상 취득				무상 취득 (3억 이상)
	1주택	2주택	3주택	4주택-법인	
조정지역	1~3%	8%	12%	12%	12%
비조정지역	1~3%	1~3%	8%	12%	3.50%

또 한국과 달리 중국 상해에서는 돈이 있다고 해도 집을 마음대로 살 수가 없다. 2010년도 초반에 상해도 부동산이 과열되어서 매입하는 횟수를 제한하게 됐다. 상해 사람은 한 호구에 두 채까지만 살 수 있다. 이때 한 가족은 한 세대로 본다.

상해에서 아파트 사기는 하늘의 별따기다. 한마디로 로또 중의 로또다. 외국인은 아파트 한 채만 살 수 있는데 그 대신 상해에서 5년 이상 세금을 납부한 증빙이 있어야 한다. 한편 항저우의 경우 외국인이 주택은 살 수 없지만 상업용이라면 살 수 있다. 중국은 지역별, 도시별로 조금씩 정책이 다르고 부동산 열기가 뜨거운 도시일수록 규제가 더 많다.

중국에서는 상해, 베이징, 광저우, 선전 같은 도시가 우리나라 서울 같은 곳이고 규제가 제일 많은 곳이다. 그럼에도 불구하고 중국의 부동산은 계속 오르고 있다. 못 사게 하는데 오르는 건 한국이랑 비슷하다. 중국에서 보유세는 우리나라의 재산세와 비슷한 개념이다. 2011년에 정책이 발효되어 그전에 산 것은 제외하고 그 이후에 산 것만 적용이 되고 있다.

중국의 보유세

기준	비용	납부 시기
단가 73,482위안/㎡ 이하 (약 1,280만 원/㎡ 이하)	총액×70%×0.4%	매년 12월 지불
단가 73,482위안/㎡ 초과 (약 1,280만 원/㎡ 초과)	총액×70%×0.6%	

*외국인은 상하이 취업비자 3년 연속 보유 시 보유세 면제
*1위안=175원
73,482위안×175원=12,859,350원
12,859,350원×3.3㎡=42,435,855원/3.3㎡

중국의 주택 재산세

과표	표준세율(공시가 6억 초과·다주택자·법인)	특례세율(공시가 6억 이하 1주택자)
0.6억 이하	0.10%	0.05%
0.6~1.5억 이하	6.0만 원+0.6억 초과분의 0.15%	3.0만 원+0.6억 초과분의 0.1%
1.5억~3억 이하	19.5만 원+1.5억원 초과분의 0.25%	12.0만 원+1.5억 초과분의 0.2%
3~3.6억 이하	57.0만 원+3.0억 초과분의 0.4%	42.0만 원+3.0억 초과분의 0.35%
3.6억 초과		-

*별장: 4%

중국의 종부세

과세표준	일반(2주택 이하)			3주택 등		
	개인		법인	개인		법인
	세율	누진공제		세율	누진공제	
3억 원 이하	0.60%	-	3%	1.20%	-	6%
6억 원 이하	0.80%	60만 원		1.60%	120만 원	
12억 원 이하	1.20%	300만 원		2.20%	480만 원	
50억 원 이하	1.60%	780만 원		3.60%	2,160만 원	
94억 원 이하	2.20%	3,780만 원		5%	9,160만 원	
94억 원 초과	3.00%	11,300만 원		6.00%	18,560만 원	

공시가격	일반1·2주택	조정2주택	3주택 이상
세 부담 상한 비율	150%	300%	300%

제곱미터당 73,482위안 이하이면 세금을 덜 부과하고, 초과이면 세금을 더 부과한다. 1위안은 약 175원이다. 즉, 제곱미터당 약 1,280만 원이다. 평당으로 하면 4,100만 원 정도가 된다. 그 이하의 부동산은 총액의 70%를 감정가로 보고 0.4%를 보유세로 매년 지불한다. 70%는 우리나라의 공정시장가액비율로 할인율과 같다. 우리나라는 종합부동산세를 100%로 계속 올리고 있는데 중국은 그렇지 않다. 우리나라는 재산세가 7월, 9월 달에 나오고 종부세는 11월에 나와서 12월에 납부하는데 중국에서는 한 번만 보유세를 낸다.

우리나라는 누진세율이라고 해서 올해부터 규제지역 2주택 이상부터는 요율이 굉장히 높아진다. 그래서 세금 걱정을 많이 하는데 중국은 어떨까? 중국에서는 크게 보통주택과 비보통주택으로 나누는데 특히 상하이에서는 내환, 중환, 외환, 외환 외 지역에 따라 구분을 한다.

내환, 중환, 외환, 외환 외 등의 주택은 말하자면 서민주택, 일반주택 등을 구분 짓는 말이다. 중국도 우리나라와 같이 조정대상지역은 세율이 중과된다. 정확한 개념은 다르지만 큰 틀에서는 같다. 우리나라는 양도세를 낼 때 9억 이하 1주택은 비과세이고, 나머지는 금액에 따라 세율이 10% 더 중과되는데 중국에 비하면 우리나라가 더 복잡한 편이다.

중국의 보통주택 기준

구분	기준
집값 총액	내환 내 450만 위안 이하, 중환/외환 내 310만 위안 이하, 외환 외 230만 위안 이하
면적	140㎡ 이하
* 두 가지 조건에 다 부합할 시 보통주택으로 간주	

중국의 보통주택 VS 비보통주택 세금 비교

내용	보통주택	비보통주택
증치세	5년 미만: 총액×5.3% 5년 이상: 면제	5년 미만: 총액×5.3% 5년 이상: 차액×5.3%
개인소득세	5년 이하 총액의 1% 5년 초과 보유 주택 1채일 경우 면제	5년 이하 총액의 2% 5년 초과 보유 주택 1채일 경우 면제

중국의 증치세는 바로 양도세 개념이다. 보통주택은 5년 미만 보유하고 있다가 팔면 거래된 금액의 5.3%를 내야 하고, 5년 이상이면 면제다. 이건 저렴한 주택일 때 해당되는 것이다. 비보통주택은 일반적인 주택으

로 5년 미만이면 동일하게 총액의 5.3%를 내야 하고, 5년 이상이면 매매가 차액의 5.3%를 증치세로 내야 한다. 보통주택은 같은 지역이라도 저렴한 주택을 말한다.

중국에서는 집을 가지고 있으면 계속 개인소득세를 내야 한다. 그런데 만약 한 채만 보유하고 있다가 5년 후 판다면 개인소득세가 없다. 개인소득세는 양도세를 낼 때 같이 낸다. 한국에 비해 개인소득세나 양도세 비율이 많지 않기 때문에 중국에서도 부동산 거래가 많이 늘어나고 있는 추세다. 글로벌 유동자산이 넘쳐나는 지금 시대에는 현금만 보유하기보다 부동산에 투자하는 것이 좋은 기회가 될 수도 있다.

우리나라의 다주택자 등 중과세율

과세표준	기본세율	누진공제액
1,200만 원 이하	6%	-
4,600만 원 이하	15%	108만 원
8,800만 원 이하	24%	522만 원
1.5억 원 이하	35%	1,490만 원
3억 원 이하	38%	1,940만 원
5억 원 이하	40%	2,540만 원
10억 원 이하	42%	3,540만 원
10억 원 초과	45%	6.540만 원

우리나라의 기본세율

구분 2021.5.31.까지		세율	
		2021.6.1. 이후	
조정대상지역 소재 주택	2주택자	기본세율+10%	기본세율+20%
	3주택 이상자	기본세율+20%	기본세율+30%
	분양권	50%	1년 미만: 70% 1년 이상: 60% (조정대상지역 내외 구분 없음)
주택 보유기간별	1년 미만 보유 주택·조합원 입주권	40%	70%
	1년 이상 2년 미만 주택·조합원 입주권	기본세율	60%
	2년 이상 주택·조합원 입주권	기본세율	기본세율
미등기 양도주택		70%	70%

고강도 부동산 규제 속 투자 전략

전세대출과 LTV 추가 규제 속 투자 전략

정부는 지난 6·17 대책에서 2주택 이상 보유 가구이거나 부부 합산 월 소득이 1억 원을 초과하는 1주택 가구인 경우 주택도시보증공사나 주택금융공사 전세대출 공적 보증을 받을 수 없도록 관련 규정을 개정한 바 있다. 다만 개정 이전에 전세대출 보증을 이미 이용하는 경우 보증을 연장하면 예외적으로 허용된다. 하지만 고가주택을 보유한 1주택자의 전세대출 공적 보증이 제한되면서 투자 심리가 위축되었는데 이것은 부동산 투자의 활성화가 집값을 상승시키는 요인이라고 정부가 판단했기 때문으로 보인다.

주택담보대출 또한 기존 개인사업자 중 임대사업자의 주택담보대출에 한해서만 LTV를 규제했지만 법인사업자의 주택담보대출을 규제하는 개정안이 발표되면서 투기과열지구의 경우 9억 이하는 40%, 9억 초과는 20%, 15억 초과는 대출이 불가능하게 되었다. 또한 조정대상지역은 9억 이하는 50%, 9억 초과는 30%로 개정되었다.

그 밖에도 정부는 법인사업자에게 주어지던 취득세 12%, 종합부동산세 6억 공제 혜택을 폐지했다. 이는 법인사업자가 갭투자의 근원이라고 보고 모든 혜택을 없앤 것으로 판단된다. 이에 대부분의 법인사업자가 주택을 매도하고 있지만 그 와중에도 틈새시장을 노리는 경우가 있다. 즉, 법인사업자는 단기 매도 시 개인보다 유리한 법인세(수익 1억 미만 10%, 2억 미만 20%)+추가 과세 20%(개인 양도세 중과 성격)를 적용하기 때문에 매년 재산세와 종부세를 납부하는 기준일인 6월 1일을 피해 풍선효과가 예상되는 지역에 들어가 단타로 매수·매도함으로써 수익을 내는 전략이라고 볼 수 있다.

답 안 나오는 주택담보대출 대비 전략

현재 정부는 개인, 사업자, 법인을 막론하고 9억을 기준으로 구간별로 대출 비율을 차등 적용하고 있다. 정부는 투기과열지구 내 주택인 경우 9억 이하는 LTV 40%, 9억 초과는 20%, 15억 초과는 대출 불가 규정을 적용하고 있으며 서민 실수요자에 한해서만 10%p 우대 정책을 펴고 있다. DTI 역시 40%이지만 서민 실수요자에게는 10%p를 추가로 적용하고 있다.

투기과열지구가 아닌 조정대상지역의 경우 9억 이하 LTV 50%, 9억 초과 30%이며 투기과열지구와 마찬가지로 서민, 실수요자에 한해 10%p 우대해주고 있다. DTI 역시 기본 50%에 서민 실수요자는 10%p가 추가로 적용된다. 일반 지역은 LTV 60%, DTI 50%가 적용된다.

한편 투기과열지구 안에 있더라도 40% 대출이 가능한 경우가 있다. 재개발·재건축 지역에서 조합원이지만 1주택자인 경우 사업 추진(조합설립인가) 전까지 일정 기간(1년 이상) 실거주한 경우 예외로 적용된다. 단, 1주택 세대가 투기과열지구 내 주택을 구입할 경우 1년 이내 처분 및 전입신고를 마쳐야 하며, 무주택 세대가 고가주택을 구입할 때에는 1년 내에 전입이 이루어져야 한다(12·16 대책).

그렇다면 전세 세입자가 있고 1년 안에 입주하기 어려운 상황일 때에는 어떻게 해야 할까? 이때는 개정된 임대차법을 잘 알고 있으면 도움이 된다. 임대차법에 따르면 세입자가 거주하는 주택을 제3자가 매수하면 계약을 만료할 수 있으며, 6개월 내에 소유권 이전까지 완료한 후에 실거주가 가능하다.

"부동산 투자를 할 때
세법을 잘 알면 이득을 얻지만
잘 모르면 외려 손해를 보는 경우가 있다.
세법이 개정되면
나에게 어떤 사항이 해당되고
언제부터 시행되는지 체크하는 것은 매우 중요하다.
그것을 꿰고 있어야 매매 전략을 짤 수 있기 때문이다."

SUMMARY

4부 부동산, '세금'과 싸워라

2020년 부동산 세법 개정안

2020년 7월 10일, 정부는 다주택자에 대한 세율을 크게 인상했다. 여기에는 다주택자들이 보유한 매물을 시장에 내놓게 하기 위한 의도가 담겨 있는 것으로 해석되고 있다. 종합부동산세, 양도소득세, 취득세가 어떻게 개정되었는지 잘 기억해둬야 한다.

아는 만큼 돈 번다, 부동산 절세 비법

부동산 투자를 할 때 세법을 잘 알면 이득을 얻지만 잘 모르면 외려 손해를 보는 경우가 있다. 부동산 시장을 분석하다 보면 건물 자체는 그대로지만 가격과 정책은 늘 변한다는 것을 알 수 있다. 따라서 새 정책이 발표되면 내가 가진 매물에 해당되는 내용인지를 확인하고 대응 전략을 세우는 것이 중요하다.

조정대상지역 규제에 대한 모든 것

조정대상지역에 선정되었을 경우 세법 관련해 우선적으로 알아야 할 점은 담보대출비율이 줄어든다는 점이다. 또 조정대상지역 내 주택 양도 시에는 2021년 6월 1일부터 2주택자는 20%, 3주택자는 30%의 비율로 양도세가 중과된다. 조정대상지역 내에 있다고 하더라도 비과세 혜택을 받을 수 있는 경우가 있으므로 잘 알아보고 최대한 혜택을 챙기자.

알아두면 유용한 주택임대사업자를 위한 세금 혜택

주택임대사업자 양도소득세 비과세 혜택과 세제 혜택을 살펴보면 세금 혜택이 줄어든 상황에서도 숨은 혜택을 손에 쥘 수 있다. 정부는 현재 주택임대사업자로 등록하면 주택 구입 시 취득세를 감면해주고 있으므로 주택임대사업자 취득세·재산세를 감면 받는 방법도 숙지하도록 하자.

성공 투자를 위한 세법 정복

지난 2017년 발표된 8·2 대책을 기점으로 현재 정부는 양도소득세 중과제도를 시행하고 있다. 일반과세가 아닌 중과가 된다는 것은 양도소득세와 관련해 절세 전략이 중요해졌다는 것을 의미하며, 그런 만큼 양도소득세 중과세를 판단하는 프로세스에 대해 잘 알아둘 필요가 있다. 1세대 1주택자의 양도소득세 비과세 적용 시 거주요건에 대한 부분도 여러 차례 개정되어 발표되었기 때문에 내용을 정확히 알아둘 필요가 있다.

고강도 부동산 규제 속 투자 전략

전세대출과 LTV 추가 규제 속 투자 전략과 답 안 나오는 주택담보대출 대비 전략을 기억해두면 고강도 부동산 규제 속에서도 투자의 길이 보일 것이다.

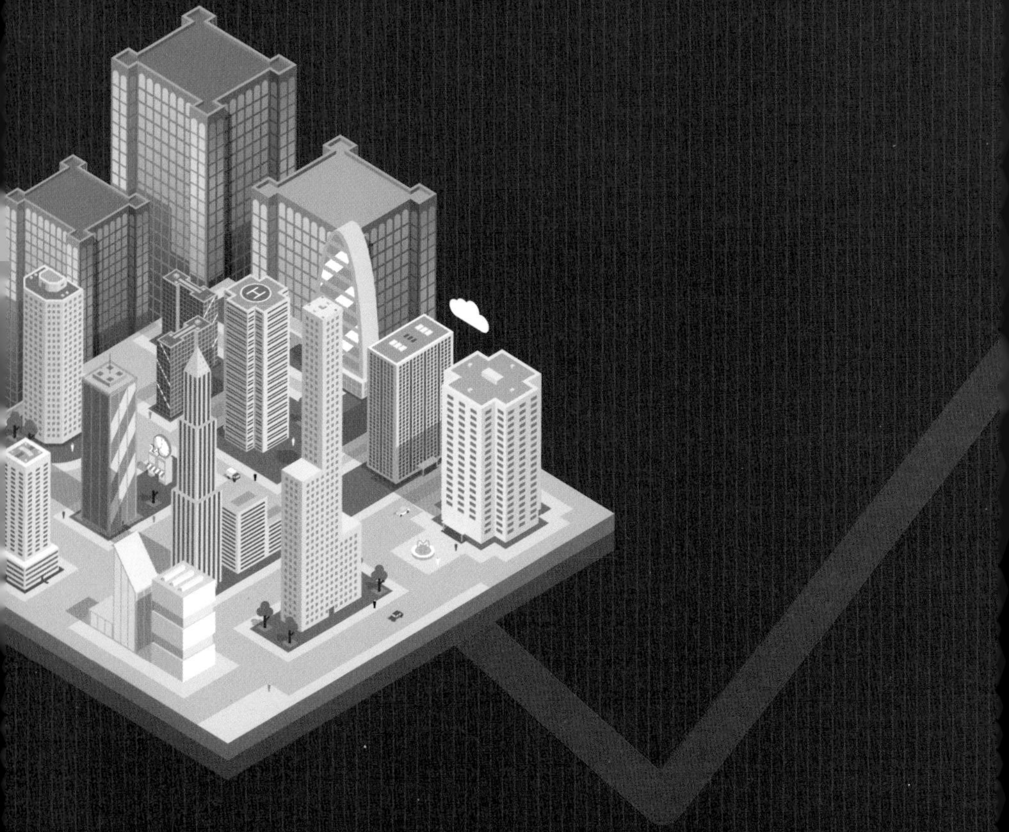

PART 5

실전 상담 사례

_ 지역별 부동산 투자 비법

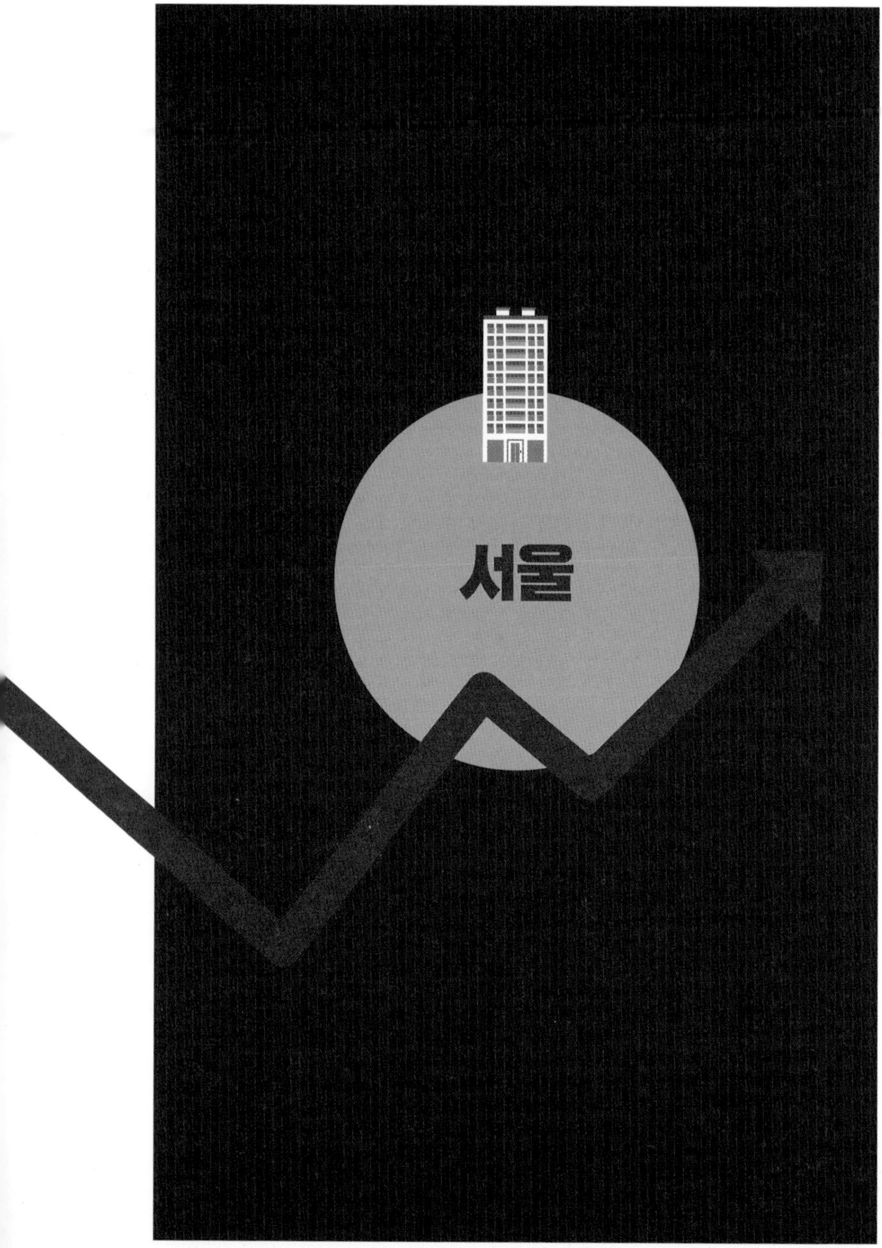
서울

송파구 신천동 파크리오 아파트, 매도해도 될까?

Q 지금 잠실 파크리오 아파트에 거주하고 있는데 이 집을 매매한 뒤 목동의 20평대 아파트를 매입하고 싶습니다.

A 지금 살고 계신 곳은 몇 평대죠?

Q 45평이요.

A 취득은 언제 하셨나요?

Q 오래되었죠. 재건축했으니 1978년도쯤 취득했을 거예요.

A 원래 조합원이셨나 보네요?

Q 네.

A 이 단지가 7,000세대 가까운 대단지인데 이걸 매도하신 후 목동의 아

파트 어디를 생각하고 계세요?

Q 7단지 쪽으로요.

A 아예 주거지를 옮길 생각이신가요?

Q 매매를 해야 할 거 같아요.

A 그렇게 해야 하는 이유가 있나요? 조합원이고 오래 거주를 하셨는데 말이죠.

Q 복잡한 사정이 있어요. 다른 지역의 오피스텔 두 개를 구입했는데 처분을 못 하게 돼서 지금 살고 있는 곳을 팔고 남은 돈으로 이를 해결해볼까 싶어서요. 지금 분양 신청을 해놨는데 내년에 입주가 되거든요.

A 아직 그 오피스텔을 갖고 계신 건 아니고요?

Q 네, 그때 가면 3주택이 되는데 3주택이 되면 나중에 못 파니까요.

A 비관세 요건을 적용을 받고 싶다는 말씀이시죠?

Q 네.

A 그럼 목동으로 가도 마찬가지가 되잖아요? 집 한 채가 그대로 가는 거잖아요.

Q 그래도 일단은 여유가 좀 생기잖아요.

A 자금에 대한 여유 말씀이신가요? 그렇다면 주택수에 대한 부담보다는 지금 자금이 필요하신 거죠?

Q 그렇죠.

A 지금 45평 시세가 어느 정도 되죠?

Q 부동산에서는 18억 5,000만에서 19억이라는데 모르죠, 그건.

A 네, 시세가 18억 5,000만에서 19억 정도 해요. 이 정도가 맞을 거예요. 잠실 7단지면 저층이냐 고층이냐에 따라 12억에서 14억 정도로 가격 형성이 되어 있어요.

Q 고층을 보니까 지분이 15점 정도로 나오더라고요?

A 보신 아파트는 얼마나 해요?

Q 그것도 나름이더라고요.

A 제가 볼 땐 한 6~7억 정도 여윳돈이 생기실 거 같아요. 목동 7단지가 27평의 경우 12~14억 중반까지도 가니까 더 적은 평수를 보시면 10억까지도 여유가 있으시겠어요. 그걸로 오피스텔 두 채 입주에 쓸 자금이 좀 필요하신 거죠?

Q 네.

A 지금 자금이 얼마 정도 필요하신가요?

Q 2억 7,000~8,000만 원 정도 필요해요.

A 제가 볼 때는 이건 일단 매도를 안 하시는 게 좋을 거 같아요. 잠실 파크리오는 잠실의 대표적인 아파트 중 하나죠. 7,000세대 정도 되고 잠실새내역 역세권에 올림픽공원이 바로 앞이고 올림픽대로도 바로 탈 수 있고 교통이 아주 좋죠? 그리고 잠실에는 엘스가 있죠. 여기는 5,500~6,000세대 정도, 리센츠도 6,000세대 정도 되고, 트리지움도 3,000세대 정도 되지요? 그리고 레이크 펠리스도 있지요. 이게 대표 아파트들인데 엘스 48평대가 지금 21억 내외 정도 될 거예요. 층수에 따라 1~2억은 왔다 갔다 하겠지만요. 2~3억 정도 차이 나죠. 리센츠도

이 정도 될 거예요. 원래 리센츠가 5,000에서 1억 정도 더 비쌌는데 종합운동장 호재 때문에 엘스에 투자자가 몰린 거거든요. 그리고 잠실 트리지움이 파크리오랑 비슷한 급이에요. 엘스나 리센츠가 대장주고 파크리오가 그다음에 따라가는 주인데 이 파크리오 근방에 잠실 주공이 있죠. 잠실 주공이 재건축되면 제일 비싸질 수 있겠죠. 아무래도 잠실역 사거리에 있기 때문에. 그래서 파크리오에서 오래 사시던 분들 중에 재건축으로 넘어간 분도 있고요. 잠실 아파트는 올해 조금 더 올랐죠? 그 이유가 뭘까요?

Q 모르죠.

A 삼성동에 현대자동차그룹 착공이 들어가잖아요. 삼성역에서 봉은사역까지 지하와 지상을 크게 개발하면 공원과 상권도 형성될 거고, 지하도 환승센터부터 시작해 상권이 몰려들면 유동인구도 크게 늘어날 겁니다. 국토부에서는 1일 60만 명이 올 거라 예상하고 있어요. 거기다 종합운동장역까지 지하를 개발한다는 말도 나오고 있고요. 그래서 투자자들이 엘스로 몰리는 거거든요. 그렇게 엘스가 올라가니까 주변 아파트들도 같이 다 올라가는 거고요. 그래서 이렇게 봐야 할 것 같아요. 목동 아파트는 양천구를 대표하는 아파트인 데다 세대수도 많고 재건축 사업수도 많은데 지금 중요한 건 재건축이기 때문에 시한이 꽤 걸릴 거예요. 그런데 개발원 호재는 2023년까지 진행한다고 하고 현대자동차그룹도 몇 년 후에 들어올 거라서 이게 훨씬 더 빠를 거예요. 그래서 제가 볼 때는 지금 조금 올랐다고 옮겼다가는 손해 보기 쉬울

거 같아요. 저는 옮기지 않으셨으면 좋겠는데 돈이 당장 필요하다고 하셨죠?

Q 네.

A 실례지만 오피스텔은 어디에 있죠?

Q 하남에 있어요.

A 아, 하남 오피스텔이요. 제가 봤을 때 그쪽은 그렇게 가져가면 안 좋을 거 같아요. 하남 쪽은 아파트가 많이 올랐고 5호선도 들어가고 9호선도 연장될 거라 교통이 좋아질 예정이거든요. 그런데 오피스텔은 그렇게 좋아지지는 않을 거 같아요. 그래서 오피스텔은 매도를 하시는 게 좋을 것 같습니다.

Q 내놓기는 했어요.

A 근데 잘 안 팔리는 거군요. 어쨌든 그걸 처분하시는 게 더 좋을 거 같습니다.

Q 네, 감사합니다.

강서구 가양동 한강자이 아파트 매수 여부 분석

Q 강서구 가양동 한강자이 아파트를 매매하고 싶습니다.

A 이 아파트를 보시는 이유가 있나요?

Q 예전에 강서구에 산 적이 있어서 보다 보니 신축이라서 좋을 거 같더라고요.

A 몇 평대를 얼마에 보신 거죠?

Q 26평이고 요즘 한 7억 초중반 되더라고요.

A 옆에 마곡지구가 있죠? 큰 영향은 없겠지만 어느 정도 영향은 있을 거예요. 9호선 전철역 초역세권이고 가양역 같은 경우 급행선이라서 여의도나 강남권에 접근하기 좋은 위치죠. 그리고 어떻게 될지는 모르겠지만 바로 옆에 CJ 부지가 있거든요. 이걸 알고 보시는 거죠?

Q 네.

A 신규 아파트이고 가격대도 이 정도면 나쁘진 않아요. 근데 뒤쪽에 보

면 한강변에 동신대 아파트가 있잖아요? 이게 연식은 좀 되었어요. 93년 식이니. 근데 여기 30평대랑 가격이 비슷하거든요. 그래서 제가 볼 때는 동신대 아파트를 수리해서 들어가면 어떨까 싶습니다. 새 아파트의 경우 CJ가 단지를 짓는다면 주변 호재를 다 받을 수 있긴 하지만 동신대 아파트는 한강변이란 장점이 있죠. 연식은 있지만요. 그리고 시간이 지날수록 재건축이 될 가능성이 높거든요. 반면 신축 아파트는 갈수록 노후가 될 거고요. 그래서 투자수요는 재건축 한강변으로 몰려들 공산이 커요. 만약 신규 아파트에 살고 싶은 마음을 수익 창출과 바꿀 수 있으면 동신대 아파트에 투자하시고, 그렇지 않으면 신규 아파트를 매수하시는 것도 나쁘지는 않아 보입니다. 그건 본인이 결정하시면 될 것 같아요. 혹시 추가 질문 있으신가요?

Q 의장동에 있는 강서 힐스테이트는 어떤가요?

A 지금 시점에선 좋은 아파트지만 제가 볼 때 여기는 오를 만큼 오르지 않았나 싶거든요.

Q 가격대는 비슷하더라고요, 24평대인데.

A 24평에서 27평 매물이 있어요. 지금 보면 7억 중반대에 나와 있는데 세대수 많고 마곡지구와 가깝긴 하지만 5호선 라인이에요. 5호선 라인과 9호선 라인은 다르거든요. 9호선은 급행이 다니지만 5호선은 없고요. 그리고 세대수가 훨씬 많고 마곡지구의 영향을 받을 수 있다는 장점은 있지만 그것 때문에 최근 많이 오른 경향이 있어요. 그래서 추천해드리지는 않습니다.

구로구 신도림 대림e편한세상2차, 용산구 서계동 근생 건물 매도 분석

Q 작년에 집값이 오르긴 했는데요, 다른 걸 처분해서 상급지로 갈아타려고 하는데 시행령이 나온다는 얘기가 있어서 마음이 복잡해 찾아왔습니다.

A 보유하신 곳의 주소가 어떻게 될까요?

Q 구로구 신도림로 16에 있는 대림e편한 1~2차 아파트입니다. 또 서계동 36번지 근린생활시설은 어떤지 물어보고 싶었어요.

A 구로역 e편한세상 2차 45평인가요?

Q 49평입니다.

A 거주하고 계신가요?

Q 네, 3년째 거주하고 있어요. 투자하려고 여러 지역을 보고 있었는데 아무래도 재개발이 좋겠다 싶어 옮기려다가 재개발 사업이 불투명해지니까 어디로 가야 할지 궁금해서요.

A 네, 현재 구로에 거주하고 계시고 용산 서계동의 한 채도 보유하고 계신 거죠?

Q 네, 월세를 주고 있습니다.

A e편한세상 2차가 49평인데 현재 시세는 알고 계시나요?

Q 부동산에 나온 금액은 9억대에서 10억대 사이라고 들었고요, 8억 9,000 선에서 거래가 된 걸로 알고 있습니다.

A 취득은 언제 하셨죠?

Q 3년 되었습니다.

A 그럼 지금 많이 올랐네요?

Q 그렇죠.

A 얼마에 취득하셨죠?

Q 6억대요. 50% 올랐네요? 3년 동안.

A 여기는 구로구이지만 중대형도 메리트가 있는 지역이에요. 대림 e편한세상 시리즈가 다 있잖아요? 신도림역이랑 구로역 사이에 중대형 아파트도 꽤 있고요. 그리고 신도림역 바로 앞에 현대백화점이 있고 호텔들이 가까이 있어서 구로 쪽에서는 소득 수준이 어느 정도 되는 분들이 거주하고 있어요. 그래서 49평도 중대형이지만 30평대만큼 거의 비슷한 비율로 같이 오른 거고요. 그리고 한두 정거장 가면 문래역

이 있죠? 문래 힐스테이트나 문래 자이, 여기도 중대형이 있습니다. 45평, 49평, 50평짜리요. 아마 이 평형대가 11억 중반에서 12억 정도 갈 겁니다. 그럼 1억 5,000에서 2억 정도 더 비싼 건데요. 제가 볼 때는 지금 금액이 비싸다고만 보기는 어려울 거 같아요. 현재 50평이 9억도 안 되는 선이라고 한다면요. 그런데 가까운 곳 신규 뉴타운 30평대는 얼마 정도 되죠?

Q 11억에서 12억대로 알고 있어요.

A 그죠? 새 아파트긴 하지만 그런 곳과 비교하면 50평이 굉장히 싼 거잖아요. 그런 메리트도 있고 수요도 있고요. 그리고 이 지역에서 30평대 살던 분들이 연세 드시면 갈아타는 수요도 있거든요. 그래서 제가 볼 때는 여기는 보유하시는 게 어떨까 싶어요. 그리고 다른 곳이 서계동 몇 번지라고 하셨죠?

Q 36번지인데 근생으로 구입했어요.

A 주택수에는 포함 안 되잖아요.

Q 맞아요. 저희가 이곳을 10~20년 동안 장기보유 할 생각으로 사긴 했는데 가시적인 부분에서 눈에 보이는 게 없어서 가지고 있는 게 맞을지 잘 모르겠어요.

A 서계동이 도로가 굉장히 좁고 안쪽에도 딱히 넓은 도로가 없잖아요. 재개발 이슈도 없고요. 그리고 근생이라면 오래된 주택일 거 아니에요.

Q 10년 정도 된 집이에요.

A 10년밖에 안 되었나요? 월세는 얼마에 주고 계시죠?

Q 1,000에 80이요.

A 얼마에 취득하셨어요?

Q 3억 1,000만 원에요.

A 용산이 지금 전월세 비율이 다른 지역에 비해 월등히 낮거든요. 그 이유가 뭐냐면 개발 이슈가 많아서 매매가가 순식간에 많이 올라서예요. 전월세는 쫓아오지 못하고 있고요. 그런데 앞으로 용산에 업무단지가 들어와야 실수요가 많아지고 그래야 전월세 수익이 높아지거든요. 그건 결국 용산에 투자하는 이유가 시세 차익을 보기 위해서란 얘기고요. 그런데 6호선 라인을 보면 한남동과 한남 더힐, 유엔빌리지 등등 고급 주택단지가 들어선 곳이 있고 최근 한남 뉴타운이 사업 인가를 받아 스타트를 끊었죠. 지금 정화작업을 하고 있는데 남쪽에 비해 북쪽은 개발 이슈가 적어요. 서울시에서 한번 서울역에서 용산역까지 지하화시키겠다고 했다가 보류한 상태고요. 그리고 국토부에서는 집값을 잡으려고 하는데 서울시에서 개발 이슈를 너무 많이 터트리면 곤란하잖아요. 그래서 제가 볼 때는 용산이라고 다 좋은 게 아니고 용산에서도 서계동은 아무래도 조금 더디게 갈 수밖에 없을 거 같아요. 물론 장기적으로 본다면 그냥 묻어둬도 괜찮을 거 같긴 한데 장기로 갈 생각이 아니시라면 차라리 매도를 해서 소액 투자할 만한 곳을 찾는 게 시세 차익을 내기에는 더 좋을 것 같습니다.

Q 네, 감사합니다.

송파 엘스 아파트 투자가치 분석

Q 지금 동대문구 레미안 크레시티에 살고 있습니다. 잠실에 있는 엘스 아파트로 가려고 하는데 괜찮은지 궁금합니다.

A 레미안 크레시티는 분양받으신 건가요?

Q 네.

A 지금 많이 올랐는데 팔고 가시려는 이유가 뭔가요?

Q 앞으로 강북보다는 강남이 더 전망이 좋을 거 같아서요.

A 지금 1주택이신가요?

Q 네.

A 결론부터 말씀을 드리면 저는 옮기는 것도 나쁘진 않다고 봅니다. 근데 가격 차이가 좀 나는데 사시는 곳이 몇 평이죠?

Q 34평이요. 잠실도 30평대로 알아보고 있어요.

A 34평을 얼마에 팔 수 있죠? 한 10억 중반에서 11억?

Q 네, 10억 중반에서 11억이요.

A 엘스는 30평대가 17억에서 18억대라 좀 차이가 나요. 그동안 사업이 잘되셨나 봐요?

Q 사업이 잘된 건 아니고요, 가계 부담은 좀 있어요. 지금 레미안 크레시티를 보유해야 하는 건지, 아니면 조금 무리를 해서 잠실로 가는 게 나은지 고민이 됩니다.

A 한번 보겠습니다. 앞으로 청량리에 GTX 정거장이 두 개 더 들어섭니다. 지금도 1호선 경의중앙, 분당선 많이 들어와 있고요. 앞으로 예정된 전철이 다 들어서면 열 개 정도가 됩니다. 그런데 부동산 가격을 가장 많이 올리는 건 교통이 아니거든요. 그보다는 근처에 확실한 직업군이나 기업이 들어와야 해요. 그다음이 교통이고요.

광교 아파트를 예로 들면 광교 중앙 s클래스만 12억에서 13억 정도 가고, 그 외의 다른 아파트는 30평대가 11억에서 12억 정도 가죠. 경기도 안쪽에 들어선 아파트도 그 정도 수준이고요. 그런데 용인이 서울에서 더 가까운데 광교보다 싸잖아요. 그 이유가 뭐라고 생각하세요? 그게 광교는 경기도청, 경찰청 등이 바로 앞에 있잖아요. 그래서 용인보다 서울에서 멀지만 더 비싼 거예요. 물론 여기도 교통 상황이 많이 좋아질 거고 호텔도 들어서지만 기업이 크게 움직일 호재는 없는 상태예요. GTX를 호재로 볼 수도 있지만 생각해보면 서울에만 해도 GTX가 몇 군데씩 생기잖아요. GTX 들어선다고 집값이 계속 뛰는 건 아니거든요. 그리고 여기 투자한 분들이 교통이 좋아질 거 다 알고 투자해서 그렇게 뛴 거예요. 물론 공사를 하고 개통을 하면 조금 더 오르긴 하겠지만요. 그러니까 GTX로 인한 호재가 전혀 반영이 안 된 금액은 아니라는 거예요. 그런데 엘스 같은 경우 호재 덕분에 지금도 오르고 있죠. 강남권에 있는 웬만한 아파트보다 국제교류복합지구에서 더 가깝고요. 학군이나 여러 편의시설 면에서도 더 좋아요. 그래서 옮기는 것은 나쁘지 않지만 부담이 안 되는 선에서 잘 결정하시길 바랍니다.

Q 네, 알겠습니다. 감사합니다.

관악구 봉천동 관악드림타운 매수 여부 분석

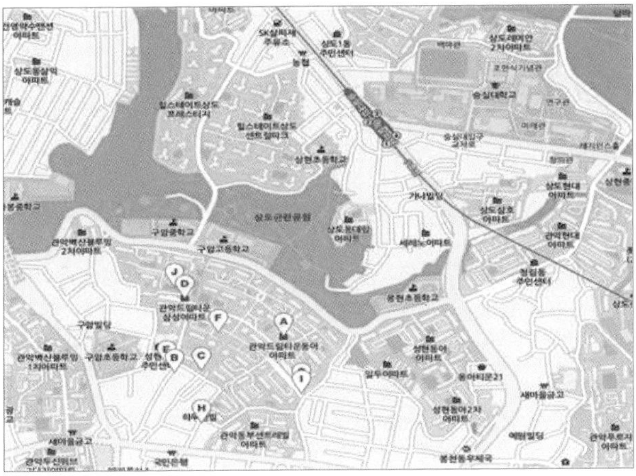

Q 제가 지금 봉천동 관악드림타운 25평에 거주하고 있는데요, 아이가 있다 보니 평수를 좀 늘려서 이사를 가려고요. 그런데 지금 이 금액에서 대출을 끼고 30평대로 이주를 해야 할지, 아니면 신랑 회사가 있는 안산이나 성남 쪽으로 청약을 넣어서 들어가야 할지 고민이 됩니다.

A 그럼 지금 세 가지를 생각하고 계신 거죠? 같은 아파트의 30평대로 매매를 할 것인지, 성남 쪽 청약 시장에 들어갈 것인지, 아니면 안산 지역 아파트를 볼 것인지. 혹시 보신 곳이 있으신가요?

Q 관악드림타운 33평형하고요, 안산은 청약 없고 e편한세상이요.

A 일단은 한 지역을 먼저 탈락시킨다면 어디일까요?

Q 안산이요.

A 그렇죠. 안산은 서울이나 성남 반대쪽에서 재개발이 한참 이루어져서

새 아파트가 많이 들어서고 있거든요. 프리미엄이 적게는 6,000~7,000에서 많게는 2억까지도 형성되어 있어요. 그런데 안산 같은 경우 아파트 값이 서울이나 성남에 비해 많이 오르진 않았죠. 수도권 강남 접근성도 떨어지고요. 그리고 이번에 3기 신도시를 발표했잖아요. 1만 3,000가구가 새로 들어섭니다. 하지만 새로운 직장 수요와 고용 창출이 많이 이루어지지 않아서 아파트 값이 다른 지역에 비해 잘 안 뛰는 곳인데 공급은 계속 늘어나요. 그런 곳에 들어갈 필요는 없는 거죠. 앞으로도 수요가 많은 곳에 들어가야죠. 그러니까 안산을 먼저 후보에서 탈락시키겠습니다. 그럼 두 후보끼리 경합을 해보겠습니다. 둘 중 어디를 선택하면 좋을까요? 혹시 생각하시는 곳이 있나요?

Q 관악 30평대로 이주하는 건 약간 부담감이 있고, 성남 쪽을 청약으로 생각하고 있어요.

A 부담감이라는 게 자금에 대한 부담감이죠?

Q 네, 그렇죠.

A 관악드림타운이 한 3,500세대 정도 되죠. 여기도 세대수가 많다 보니까 질문이 많이 들어오는 지역 중 하나예요. 지금 24평에서 전세 얼마에 계신가요?

Q 3억 2,000이요.

A 이건 전세고 매매 30평대를 보시는 거죠? 매매는 얼마에 보시죠?

Q 6억 5,000이요.

A 여기가 일단 이 지역에선 싸잖아요. 그래서 관악드림타운의 경우 20

평대 살던 분들이 30평대로 많이 갈아타요. 그 금액대에서 이 근방의 다른 곳에 가기가 쉽지 않고요. 그런데 봉천동 쪽에서는 비싸다는 대장주가 서울대입구역 근처에 있는 e편한세상이에요. 거기 30평대가 지금 8억에서 8억 중반 정도 갈 거예요. 그럼 2억 정도 차이가 나죠? 옆의 아이온도 비슷하고요.

관악 푸르지오가 연식이 비슷하지만 5,000~6,000 정도 더 비쌀 거예요. 사실 이 지역이 세대수는 적은데 더 비싼 이유는 언덕길이 아니라서 그렇거든요. 마포 지역도 보면 인근에 있어도 언덕길에 있으면 같은 평형대, 같은 입지인데도 5,000에서 1억까지 더 싼 지역이 있어요. 그래서 많은 사람들이 저평가되어 있다고 말하지만 저는 그렇게 보지 않습니다. 그냥 싼 거예요. 주변 아파트에 비해 싸고 더 올라갈 여지가 있어야 저평가라고 하지, 싸다고 무조건 저평가라고 하지는 않거든요. 물론 나중에 3호선이 들어오면 교통은 더 좋아지긴 할 거예요. 여의도 샛강역부터 내려와서 노선도 나쁘지 않고요. 그래서 경전철이 아파트 가격에 미치는 영향이 그렇게 크진 않은데 여긴 대중교통이 안 좋다 보니 들어오면 상당히 좋은 효과는 나겠죠.

Q 네.

A 근데 3호선이 언제쯤 개통될까요? 이게 문제예요. 이건 시간이 꽤 걸립니다. 그래서 제 생각에는 7년, 10년이 걸린다고 치면 6~7년 동안 다른 데 투자해서 더 올라갈 수 있는데 여길 먼저 굳이 들어갈 필요는 없다고 봅니다. 7년을 미리 여기서 까먹을 필요는 없거든요. 그리고 성

남 지역을 이야기하셨는데 성남이 관악구보다 좋다는 건 아니에요. 다만 지금 시점에서는 재개발이 활발히 이루어지고 있는 성남이 조금 너 유리하지 않나 싶어요. 그리고 당연히 청약을 받는 게 더 유리하고요. 가점이 높으시다면 기존 주택을 사기보다 당연히 청약을 받으셔야죠. 그런데 가점이 높지 않나요?

Q 많이 높진 않아요.

A 그러니까 첫 번째로는 청약을 신청해서 될 수만 있다면 당연히 기존 아파트보단 청약 시장으로 가는 것이 맞고요. 만에 하나 기존의 아파트에 프리미엄이 붙어서 나온 분양권이 있다면 이쪽 아파트를 사서 어느 정도 시세 차익을 보고 나중에 그쪽으로 다시 이동하는 것도 나쁘진 않다고 봐요. 관악드림타운이 굉장히 싸고 전세가율이 서울권에서 굉장히 높은 편이라 나쁘지는 않지만 전세가율이 높다고 무조건 올라갈 확률이 높은 건 아니거든요. 오히려 오르지 않는 아파트가 전세가는 더 높은 경우가 많아요. 그러니까 여러 가지를 잘 살펴보신 후 결정하시길 바랍니다.

Q 네, 감사합니다.

성동구 성수동 건영 아파트+다가구주택 전망 예측

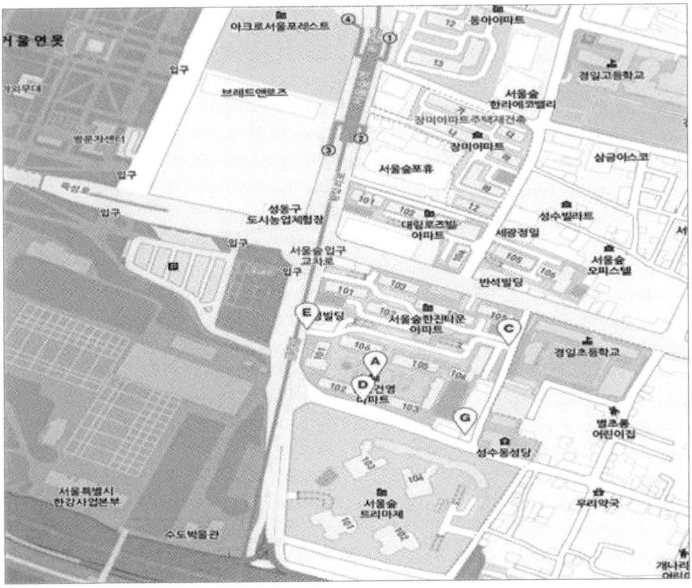

Q 성수동에 아파트랑 다가구주택을 갖고 있는데요, 어떤 걸 먼저 매도해서 다른 쪽으로 투자해야 할지 잘 모르겠어요.

A 아파트 이름은 어떻게 될까요?

Q 건영 아파트요.

A 다가구건물 주소는 어떻게 되나요?

Q 성수동 956-71번지요.

A 건영 아파트에 거주하고 계시나요?

Q 네, 거주하고 있습니다.

A 취득은 언제 하셨나요?

Q 2003년에서 2004년입니다.

A 오래되었네요. 당시에는 굉장히 싸게 사셨을 텐데 얼마에 사셨죠?

Q 한 4억 정도요?

A 지금 시세가 12~13억까지 갈 텐데요.

Q 호가로는 15억까지도 나간다고 하더라고요.

A 아마 그럴 수도 있어요. 층수가 좋으면요.

Q 네, 한강이 보이니까요.

A 아, 한강뷰가 나오나요? 그럼 굉장히 높게 갈 수 있겠네요. 바람대로 15억이라면 굉장한 시세 차익을 보고 있네요. 땅 주소가 어떻게 되죠?

Q 171번지요, 성수동.

A 이건 언제 매수하셨죠?

Q 10년 정도 되었습니다.

A 두 개 다 오래되었네요.

Q 하나를 매도하고 다른 쪽으로 갈아타볼까 하는데 어떤 걸 먼저 파는 게 나을지 궁금합니다.

A 왜 하나를 팔려고 하시죠? 자금이 필요하신가요?

Q 큰 걸로 갈아타려고요.

A 어떤 걸로 갈아타시려고요?

Q 수익이 나오는 걸로 투자를 해보려고요.

A 이 다가구는 대지가 좀 작죠? 몇 평인가요?

Q 24평 정도입니다.

A 얼마에 취득하셨죠?

Q 5억 5,000인가? 6억 정도예요.

A 평당 2,000만 원이네요. 지금 더블 이상 올랐잖아요, 그죠?

Q 잘 모르겠는데 6,000~7,000까지도 간다고 하더라고요.

A 여긴 지금 월세가 얼마 정도 나오죠?

Q 보증금 2억 5,000에 월세 50만 원 나와요.

A 전세를 많이 주셨나 봐요?

Q 네.

A 원룸으로 되어 있나요, 투룸으로 되어 있나요?

Q 투룸으로 되어 있습니다.

A 일단 두 개의 부동산을 다 잘 사신 것 같습니다. 주변 호재는 이미 너무 잘 아실 거예요. 보시면 서울숲 트리마제, 한화 갤러리아 포레, 압구정 서울 포레스트까지 비싼 아파트들이 많죠. 서울숲 트리마제는 전용면적 84㎡가 21억에서 25억 정도 갈 거예요. 거기에 비하면 건영 아파트는 굉장히 싼 거죠.

Q 그러니까요.

A 서울숲 압구정 포레스트도 30평대 분양가가 18억 정도 되었을 거예요. 지금은 전매제한 기한이니까 이게 앞으로는 25억도 갈 수 있겠죠. 호텔 한 개하고 아파트 3개 동 짓는다고 하고 있고요. 그리고 바로 앞에 극장이 들어올 거고요.

Q 네, 메가박스 같은 거.

A 그러면 상권과 유동인구가 들어올 수 있겠죠. 그런 측면에서 보면 성수동의 가장 큰 호재는 4구역에 있어요. 지금 2구역이 해제되느냐, 안 되느냐 하고 있긴 한데 어찌 되었든 여긴 한강변에 아파트가 들어선다면 최고의 부촌 중 하나가 될 거예요. 그리고 성수동은 요즘에 또 핫플레이스가 많잖아요. 성수역 주변에 대림창고라든지, 성수연방이라든지 하는 데 많이들 가고요. 저도 지난주에 가봤는데 가족들끼리 주말에 많이 오더라고요? 뚝섬역에 또 들어와 있고요. 그래서 성수동은 지금 핫플레이스인 데다 앞으로 부촌이 형성될 지역이라 일단 건영 아파트는 계속 보유하면 좋을 것 같아요. 다가구의 경우는 토지가 24평이잖아요. 성수역에 있다면 상가로 용도 변경을 할 수 있는 좋은 위치가 될 거 같은데 여긴 그런 위치는 아니죠?

Q 주변에 그런 게 생기긴 하더라고요.

A 이 지역도요? 여기까지 확장되어 들어갈 수도 있겠지만 전 잘 모르겠습니다. 일단 성수동은 가지고 있으면 좋지만 본인이 꼭 팔아야 된다고 생각한다면 다가구라도 대지가 너무 작으니 대지가 큰 평수에 비하면 미래가치가 굉장히 떨어질 수 있어요. 둘 다 보유하면 좋겠지만 굳이 팔아야 한다면 아파트는 보유하시고 대지가 작은 다가구를 매도하시는 게 좋지 않을까 싶습니다.

Q 네, 감사합니다.

동대문구 청량리역 주변 아파트 현황

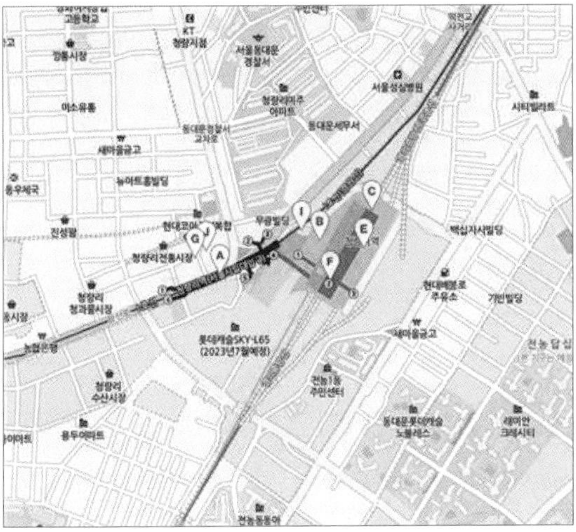

Q 세종시 가온마을 1단지 힐스테이트 2차 34평을 갖고 있는데요, 향후 전망이 어떻게 될지 궁금합니다. 직장이 청량리라 세종시 집을 처분하고 실거주를 해야 하는데 서울 아파트를 사야 할지, 사면 어디에 사야 전망이 좋을지 상담 부탁드립니다.

A 힐스테이트 2차 이야기하시는 거죠?

Q 네, 거기가 향후 전망이 좋으면 전세를 놓고, 그렇지 않으면 팔고 서울에 와서 살 건데 어떻게 하는 게 좋을까요?

A 일단 세종시 전체를 놓고 보면요, 외곽에 위치하고 있어서 나중에 세종시로 전철이 들어와도 닿지 않는 동네예요. 그래서 행정 중심권보다는 상대적으로 아파트 가격이 덜 오르고요. 직장이 청량리인데 굳

이 가지고 있을 일은 아닌 거 같고요. 지금 여기는 전세를 주셨나요?

Q 월세요.

A 얼마에 주셨어요?

Q 1,000에 50 정도요.

A 팔면 얼마 나와요?

Q 4억 8,000 정도요.

A 전세를 주면요?

Q 전세는 1억 5,000이요.

A 싸도 너무 싼데요, 전세가?

Q 거기가 아파트가 많이 있는 지역이라 그렇대요.

A 그러니까요. 세종시도 신도시이긴 한데 완성이 되려면 10년 이상이 걸립니다. 지금 서울 송파구 옆에 붙은 위례 신도시가 10년이 되었는데도 완성이 안 되었거든요. 세종시조차 10년 가까이 되었지만 완성이 안 되었고요. 게다가 외곽에 있기 때문에 전세를 줘야 하나, 팔아야 하나에 대한 이야기는 답이 나온 거죠? 더 이상 가격이 오를 여력이 없는데 서울은 비싸니까요. 지금 현금은 얼마 정도 갖고 계세요?

Q 지금 2억 정도 있어요.

A 그러면 세종시 아파트를 전세 놓는다 해도 총 3억 5,000인데 그 정도로는 청량리 근처의 투룸 빌라 정도밖에 못 사거든요. 근데 아파트를 갖고 싶으시잖아요?

Q 네.

A 그러니까 매매를 해야 해요. 여기에 대출이 있나요?

Q 1억 있어요.

A 현금 6억 정도를 가지고 대출을 받으면 청량리에서 8억 정도 하는 아파트는 구입할 수 있을 거 같아요. 그래도 청량리역 일대가 만만치 않아서 30평대는 다 10억이 넘어가거든요. 그래서 청량리역 주변에서 아파트를 구입하려면 새 아파트보다는 10~20년 된 아파트 단지에서 찾으셔야 할 겁니다. 무슨 말인지 이해되시죠?

Q 위치는 어디쯤이 좋을까요?

A 그건 지금은 답해드릴 수 없어요. 청량리역 주변에 아파트 단지가 많거든요. 추후 제가 8억 정도 되는 아파트 단지를 추려서 다시 연락드리겠습니다.

Q 네, 감사합니다.

영등포구 영등포 푸르지오 매수 분석

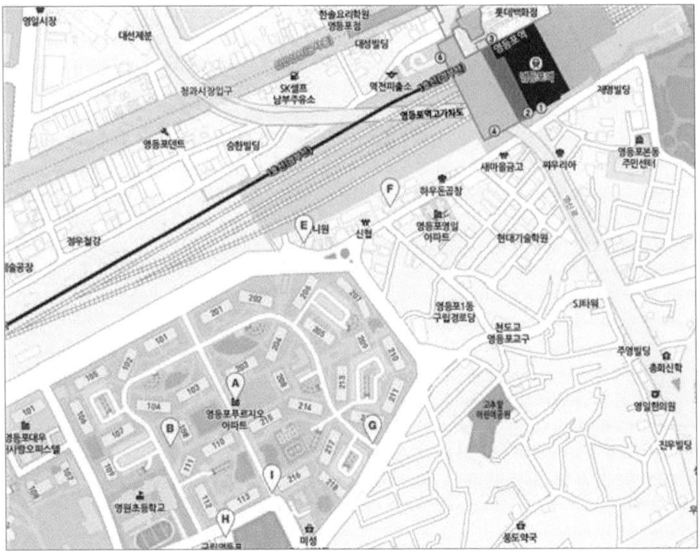

Q 지금 용산에서 전세로 살고 있는데요, 올해 12월이 전세 만기라 아파트를 알아보고 있어요. 남편 직장이 평택이라 편의상 역 주변을 찾고 있고 영등포 푸르지오 매물을 보고 있는데요, 갑자기 시세가 몇 개월 전보다 많이 올라서 신혼부부인데 대출을 무리하게 받아서 푸르지오를 매수하는 게 맞는 건지, 아니면 현재 살고 있는 전세를 연장해서 기다려야 하는지 궁금합니다.

A 용산에 사신다고요? 좋은 동네에 살고 계시네요.

Q 남편 출근 때문에 기차역 근처에서 살다 보니…….

A 지금 영등포 푸르지오를 생각한다고 하셨는데, 이 정도가 예산에 맞으시나 보죠?

Q 최대한 대출을 많이 받으면 8억 중반까지 생각하는데요, 그래도 주변에서 마땅한 걸 구하기가 어려워요.

A 그래도 이 지역에서는 전철역도 가깝고 대단지라 비교적 저렴한 거예요. 결론부터 말씀드리면 매수해도 크게 나쁠 거 같진 않아요. 지금 30평대가 8억 선인데 문래역에 있는 문래 자이는 같은 30평대라도 훨씬 비싸잖아요? 한 1~2억 정도.

이 지역이 다른 지역에 비해 싼 이유가 다른 지역은 전철이 지하로 들어가지만 여긴 지상철이잖아요. 그게 집값에 영향을 미치는 부분이 있거든요. 하지만 호재로 보면 영등포역은 신안산선이 들어오잖아요. 신도림역은 GTX가 들어오고요. 그리고 여의도가 근접해 있는데 여의도는 1970년대에 지어진 오래된 아파트라 언젠가는 재건축을 해야 합니다. 그래서 이런 이주 수요들이 들어올 수 있고요. 그리고 이 지역이 집주인들도 사지만 재건축·재개발 지역은 전세가율이 낮기 때문에 이런 수요들이 나중에 전세 수요로 들어와 집값 상승에 영향을 미칠 수 있거든요. 특히 세대수가 많기 때문에 이런 단지는 나중에 영향을 받을 수 있어요. 지금은 다소 높다 생각할 수 있지만 5~10년 바라보고 투자를 한다면 나쁜 선택 같지는 않습니다.

Q 네, 감사합니다.

강서구 공항동 단독주택, 강서구 등촌동 부영 아파트 보유 여부 분석

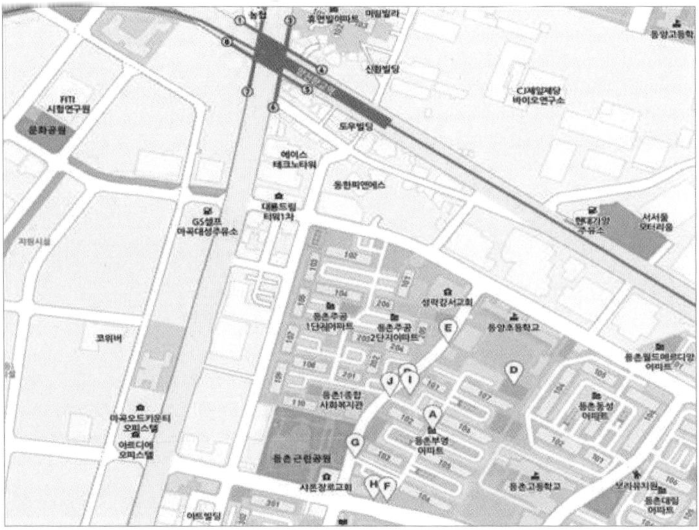

Q 강서구 공항동 679-6에 2층짜리 단독주택이 있는데요, 여기가 지하철역하고 좀 멀어서 거기다 투룸을 지을지, 아니면 그걸 매도하고 등촌역이나 신방아역 쪽에 사는 게 좋을지 궁금합니다. 또 등촌동 부영 아파트도 가지고 있는데요, 그걸 내년쯤 매도하는 게 좋을지, 가져가는 게 좋을지도 궁금합니다.

A 지금 공항 근처 단독주택에 거주하고 계신 건가요?

Q 2년 거주했고, 지금은 전세를 주고 있어요.

A 전셋값이 얼마 안 될 텐데 얼마에 주셨나요?

Q 1억 6,000 정도요.

A 1, 2층 둘 다 합해서요?

Q 아뇨, 각각 1억 6,000이요.

A 총 3억 2,000이네요?

Q 그렇죠.

A 지금 대지가 몇 평인가요?

Q 50평이에요.

A 시세는 알아보셨어요?

Q 한 10억 한다더라고요.

A 그러면 단순하게 전세가율만 따지면 전세금을 적게 받고 있는 거잖아요.

Q 단독주택인데 오래되었거든요.

A 그러니까요. 이게 지금 시세인 거잖아요? 이걸 매도할 것인지, 아니면 신축으로 투룸이나 쓰리룸을 지어서 전세를 놓는 게 좋을지 궁금하신 거고요. 혹시 주변 시세는 조사해보셨나요? 만약에 다세대나 다가구로 신축을 해서 전세를 줬을 때 예상하시는 공사비를 더해야 하잖아요? 그랬을 때 본인이 원하는 전월세를 전세가율이 맞출 수 있다고 생각하세요?

Q 아뇨, 전 월세를 놓고 싶은데 지금 1,000에 50 정도 한다더라고요, 투룸이. 그래서 2~3층에 투룸을 짓고 맨 위층에 쓰리룸을 지어서…….

A 제가 볼 때는 이 주변 직장인 수요가 승무원도 있고 마곡지구 직장인도 있을 테지만 역에서는 꽤 멀잖아요?

Q 한 10분 조금 더 걸리는 거 같아요.

A 보시면 마곡지구 안에 오피스텔 공급도 많고, 증미역이나 가양역만 가도 오피스텔이 많거든요. 이런 지역에 승무원들이나 방송국 종사자들이 많이 살아요. 그런데 여기다가 원룸이나 투룸을 지어서 월세를 놓는다면 교통이 좋은 지역보다 더 낮게 받아야 수요를 끄는데 공급 자체가 지금 수요에 비해 많다고 보이거든요? 그렇게 생각해보면 원하는 수익률을 맞출 수 없어요. 무슨 말이냐면, 매매가를 결정하면 나중에 비싸게 팔 수 없어요. 지금까지 땅값도 많이 올랐을 거고요. 그런 측면에서 볼 때 이건 매도하고 갈아타시는 게 더 좋을 거 같아요. 물론 앞으로 3년 이내로 마곡지구가 지금보다 50% 더 많이 입주될 예정이지만 여기에 미칠 영향이 클 거 같지는 않아요. 주변 역세권에 아파트나 건물 종류가 많을 거 아니에요? 그 매물에 비해선 여기까지 영향을 미치는 게 어려울 거 같아요. 그래서 다른 데 투자하는 게 더 좋다는 것이죠. 그리고 또 무슨 아파트가 있다고 하셨죠?

Q 등촌 부영 아파트요.

A 여기엔 양천 한교육 리모델링 호재가 있는데 이걸 언제부터 보유하셨어요?

Q 한 10년 됐어요.

A 10년 됐어요? 지금 리모델링 호재가 있고 안전진단 신청이 들어간 걸로 알고 있거든요.

Q 끝났어요, 안전진단.

A 주변이 다 오래된 아파트 위주잖아요, 30년 된 아파트. 지금 현재 시세

가 어느 정도 되나요?

Q 7억에서 7억 5,000 정도요.

A 30평대죠?

Q 네, 33평이요.

A 7단지 같은 경우 새 아파트가 33평에 13억대를 찍었습니다. 여기에 추가 분담금이 얼마 더 나오겠지만 가격 갭의 차이가 있기에 추가 상승 여지도 있어요. 그러니까 이건 보유하시는 게 좋을 것 같습니다.

Q 네, 감사합니다.

경기도

동탄신도시 푸르지오 아파트 매도 시기 분석

Q 경기도 화성시 동탄 순환대로 푸르지오 아파트에 살고 있는데요, 분양을 받고 6년차인데 양도세 면제가 돼서 중학교도 생기고 롯데백화점도 들어올 때까지 보유하는 게 맞는 건지, 아니면 매도해서 갈 만한 다른 좋은 투자처가 있는지 궁금합니다.

A 동탄역 푸르지오는 몇 평대를 가지고 계시죠?

Q 30평대입니다.

A 지금 시세가 어느 정도인지 아시나요?

Q 지금 5억 1,000에서 5억 3,000 정도요.

A 2년이 넘어서 비과세가 되었으니 팔고 갈아타야 하는지가 궁금하신 거 같아요. 조금 전에 여기에 중학교랑 고등학교가 들어서는 호재가 있다고 말씀하신 거죠? 지금 아파트 단지 내에 초등학교는 있잖아요?

Q 초등학교랑 유치원은 있어요.

A 아, 유치원도 있어요? 이 밑에 보이는 반도나 이런 데서 초등학교를 이

쪽으로 오지 않나요?

Q 네, 맞아요.

A 동탄은 특히 젊은 신혼부부 수요가 많은 곳이라 단지 바로 앞에 초등학교가 있다는 것은 큰 호재로 작용할 수 있거든요. 또 앞으로 입주가 끝나면 11만 가구이니 상당히 많은 편이고요. 그런데 그 역에서 많이 떨어진 지역은 미분양도 있고 마이너스 피 붙은 지역도 있어 우려되는 점도 있으실 거예요. 그리고 경부고속도로가 있긴 해도 동탄역으로는 못 가고 돌아서 가야 하는 걸로 알고 있어요. 맞죠?

Q 경부고속도로요?

A 동탄역 갈 때 경부고속도로 밑을 바로 질러서 올 수 있나요?

Q 네, 기흥IC랑 동탄IC를 바로 타거든요.

A 동탄역 건너편 갈 때 돌아서 가야 하죠. 직선으로 못 가잖아요.

Q 네, 맞아요. 아직까지는 그래요.

A 제가 좀 정리를 하겠습니다. 여기 시범단지에 동탄 우남 퍼스트빌 아파트 있잖아요? 여기 30평대 시세가 어느 정도 되는지 아세요?

Q 잘은 모르는데 7~8억 할까요?

A 한 8억 정도 될 거예요. 바로 앞에 있는 아파트잖아요. 이게 2014년도에 입주했을 거예요. 연식은 지금 보유하신 것보다 오래되었는데 3억 정도 더 비싸잖아요. 거의 더블 수준이고요. 그런데 이 경부고속도로가 2~3년 후에 지하화된다는 말도 있잖아요?

Q 네, 지금 공사하고 있어요.

A 그럼 바로 옆에 있는 아파트가 8억인데 이 아파트가 뭐 전부 금으로 지은 아파트는 아닐 거 아니에요? 근데 왼쪽 편이 5억이면 싼 거 아닌가요? 그리고 말씀하신 것처럼 중고등학교 수요가 없어 안 짓고 있는 거지, 부지는 확보가 되어 있잖아요?

Q 중학교는 확정이 났어요.

A 고등학교는 아직 확정이 안 났나요?

Q 고등학교는 잘 모르겠어요.

A 어쨌든 부지는 확보가 되었다는 말씀이죠?

Q 네, 부지는 확보되어 있어요.

A 그렇다면 이 아파트는 초중고가 다 같이 있다고 보시면 돼요. 그러니까 동탄 11만 가구에 많은 아파트가 입주하고 공급 물량이 많아지지만 그럼에도 이 아파트는 강점이 있다는 말이거든요. 제가 말씀드렸죠? 바로 건너편 아파트보다 가격이 저렴하고 이게 지하화될 때 충분히 쫓아갈 여력이 있다는 거. 그리고 나중에 중학교에 고등학교까지 들어선다면 여기는 보유를 하시는 게 좋을 거 같아요. 전세를 주실 수 있다면 전세를 주셔도 되는데 지금 거주 중이신가요?

Q 네.

A 아까 투자를 알아보고 있다고 하셔서 말씀드리는데 추가 여윳돈을 만들 수 있다면 서울 중심권에 투자하시고 동탄 아파트는 계속 보유하시는 게 좋을 거 같습니다.

Q 네, 감사합니다!

광교신도시 중흥s클래스, 프리미엄 8억?

Q 광교신도시 중흥s클래스에 살고 있는데요, 잘 산 걸까요?

A 언제 취득하셨어요?

Q 2018년 12월이요.

A 12월이면 분양 시기가 남보다 좀 늦네요? 남들보다 돈을 더 주고 사셨을 거 같아요.

Q 17억 정도요, 52평.

A 제가 볼 때는 여기 분양가가 1,700만 선이거든요. 52평이면 대략 9억 초중반입니다. 프리미엄이 8억 가까이 붙은 거죠. 지금 이 아파트 이 평형대의 최고를 기록하신 게 아닐까 싶네요.

Q 어제 이사 간 사람에게 얼음물이에요?

A 올해 또 떨어졌거든요. 12억대, 이렇게 떨어졌다고요. 17개 주고 샀는데 12개가 됐다 하면 어떻게 해요.

Q 다 조사를 해봤어요. 호수 조망에 따라 금액 차이가 나긴 해요.

A 맞아요. 왜냐하면 같은 아파트 내에서도 층수 조망권에 따라서 가격이 천차만별이에요. 살고 계신 집은 몇 층인가요?

Q 17층이요.

A 좋아요. 제가 가봐서 아는데 호수가 다 바라다 보이는 곳도 있고, 어떤 곳은 삐딱하게 조금 보이는 데도 있던데요.

Q 저희 집 같은 경우는 나와 있는 게 없어서 사려야 살 수가 없어요.

A 지금 광교에서 이 아파트가 대장이에요. 이 집을 잘 사신 거예요.

수원시 호매실동 능실마을 20단지 아파트 매수 여부 분석

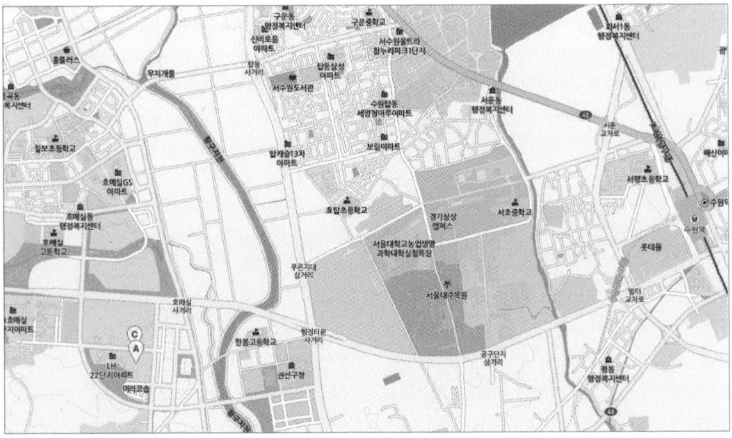

Q 수원 호매실동 능실마을 20단지 매수 전망을 알고 싶은데요.

A 여기 살고 계시나요?

Q 아뇨, 아예 다른 곳에 살고 있어요.

A 몇 평대의 얼마를 보신 거죠?

Q 34평 저층하고요. 30평 기준층이요.

A 저층을 보신 이유는 금액에 맞추신 건가요?

Q 네, 맞아요.

A 얼마 정도 되죠?

Q 4억 초중반이더라고요.

A 매수 전망을 알고 싶으시다는 건 투자 목적이신 거 같은데요.

Q 금액이 많이 오른 거 같아서요.

A 한번 볼까요? 수원이 왜 올랐을까요? 화서역에 아파트 분양하는 거 있죠?

Q 네.

A 2,000 몇 백 세대 정도 되죠. 여기 30평대가 얼마 하는지 아세요? 아직 입주가 남은 분양권인데.

Q 잘 모르겠습니다.

A 여기가 6억에서 비싼 층은 7억까지도 갑니다, T까지 합해서. 그리고 수원역에도 분양하는 아파트가 있어요. 아마 4,000세대 정도 될 겁니다. 여기도 푸르지오예요. 여긴 어느 정도 하는지 아세요? 5억 후반에서 6억 정도 돼요. 그다음으로 호매실동에 모아미라는 비싼 아파트가 있어요. 여기 30평대가 5억 후반에서 6억 갑니다. 그러면 지금 이 아파트는 싼 겁니까, 비싼 겁니까?

Q 싸긴 한데요, 지금 저쪽에 아직 전철 확정이 안 되었잖아요. 그래서 투자를 하면서 그쪽으로 가야 하는 건지.

A 그쪽이 어느 쪽을 말씀하시는 거죠?

Q 20단지요.

A 자, 볼게요. 이게 왜 올랐을까요? 화서역에는 스타필드가 들어서고 신분당선이 모아미 근처까지 들어설 예정이에요. 수원역에는 GTX가 들어서죠. 이런 호재 때문에 오른 건데 여기는 싼 이유가 있겠죠. 신분당선이 생겨도 거기까지 거리가 좀 있잖아요. 그래서 싼 건데 나중에 비싼 게 더 오를까요, 싼 게 더 오를까요?

Q 싼 데가 더 많이 오르겠죠?

A 비싼 게 더 오릅니다. 우리가 무조건 싼 걸 찾는데 지금 가장 많이 오른 게 강남이잖아요. 근데 사람들은 비싸다고 강남을 안 사고 외곽에 투자했단 말이죠. 강남도 예전에 시공하는 아파트에 갭투자 하면 2~3억에 투자할 수 있는 아파트가 많았어요. 지금 그런 아파트들이 7억 오르고 8억 올랐어요, 몇 년 만에. 수익률이 엄청나단 말이죠. 지금은 갭이 커졌지만요. 2~3억 가지고 외곽에 원룸이나 투룸 산다? 얼마나 오르겠어요, 그죠? 여기가 비싼 이유가 신분당선이 들어와서인데 이게 오를지, 떨어질지를 보면 제가 볼 때는 나쁘지 않을 거 같아요. 싼 거에 들어가서 적게 수익을 낼지, 비싼 거에 들어가서 조금 더 수익을 낼지는 본인이 선택하시기 바랍니다.

Q 네, 알겠습니다.

성남시 분당구 수내동 파크타운 시세 전망

Q 분당 수내동에 집을 보유하고 있고, 다른 하나는 재건축 중인데요, 장기적으로 봤을 때 하나를 보유하려고 해요. 어떤 걸 가지고 있는 게 더 나은지 궁금합니다.

A 주소를 알 수 있을까요?

Q 노홍구 상계동 5단지 13이고, 수내 2동 파크타운 아파트예요.

A 수내동 파크타운 중 어떤 아파트죠?

Q 여기 서안이요.

A 지금 거주하고 계시나요?

Q 전세를 줬어요.

A 상계동은 지금 재개발 구역이죠, 1구역.

Q 네, 1구역이요.

A 수내동에 있는 건 언제 투자하셨어요?

Q 2013년 말에요.

A 시기적으로 좋았네요?

Q 네.

A 몇 평이죠?

Q 31평이요.

A 그때 당시 얼마에 취득하셨죠?

Q 5억이요.

A 지금은 9억까지도 가잖아요?

Q 네.

A 일단 잘 투자하신 거 같은데 지금 하나를 팔고 싶단 말씀이시죠?

Q 네, 두 개 다 보유하기엔 부담이 있어서요.

A 상계동은 언제 얼마에 투자하셨죠?

Q 7억 8,000에 전세 2,500이 껴 있었고, 토지 면적은 132평 정도 되고요. 1년이 채 안 되었어요.

A 그럼 두 개 다 투자 개념이고 거주 문제는 없단 말씀이시죠? 그러면 지금 어디에 거주 중이신가요?

Q 전세로 있어요.

A 전세를 주고 전세로 가셨군요. 그러면 지금 이 아파트 같은 경우는 비과세 요건도 되고, 시세 차익도 많이 보셨고 정말 좋아요. 근데 서현역, 수내역 쪽이 학세권이라 학교도 많죠. 최근 행복주택이 들어선다고 하고요. 그렇다고 이 행복주택이 모두에게 행복을 주는 주택은 아니잖아요? 거기 들어가지 않은 사람에겐 행복을 안 주는 거 같아요. 무슨 말인지 아시겠죠? 여기 계신 분들이 반사이익을 보고 있어요.

여기는 전월세 가격이 올라 매매가 잘 되고 있어요. 근데 여기는 지역적인 거고, 크게 보면 강남이 올라야 하잖아요? 강남이 오르고 판교가 오른 다음 분당이 오르죠. 강남이 오르고 바로 오르진 않죠. 방송에서도 말하지만 강남 오르고 판교 오를 때 분당은 원래 안 올랐어요, 처음엔. 2017년 중반부터 2018년까지 1년 사이에 기하급수적으로 오른 거예요. 그래서 앞으로 강남이 움직이면 판교가 움직인 다음에 분당이 움직이지, 바로 움직이진 않거든요. 또 1기 신도시라 오래된 주택, 아파트들도 있어서 앞으론 오르는 데 한계가 있을 거예요. 재건축이 쉽지도 않고요. 리모델링 이야기가 나오고는 있지만 부동산 가격이 오르는 데 있어서는 여러 가지 의문이 있거든요. 그래서 우선은 이걸 파시는 게 좋을 것 같아요.

Q 네.

A 상계 1구역도 오래된 아파트 위주잖아요? 강남이 뛰고 강남 재건축이 뛰니까 그다음에는 목동으로 가고, 목동에서 상계동으로 가고, 상계동은 한참 동안 안 올랐어요, 재건축을 규제한다고 해서. 노원구가 투기

지역이 되니 왜 우리가 투기지역이냐 빼달라고 해서 한동안 안 오르기는 했지만 어쨌든 이 지역의 새 아파트 공급은 괜찮아 보여요. 4구역에 푸르지오 있죠? 30평대 같은 경우 8억 선에 형성이 되어 있는데 제가 알기로는 조합원 입주권 접수가 되었거든요. 사업시행인가를 받은 다음부터 가격이 많이 오를 수 있고요. 그래서 이걸 보유하고 분당 걸 팔면 좋을 것 같습니다.

Q 네, 감사합니다.

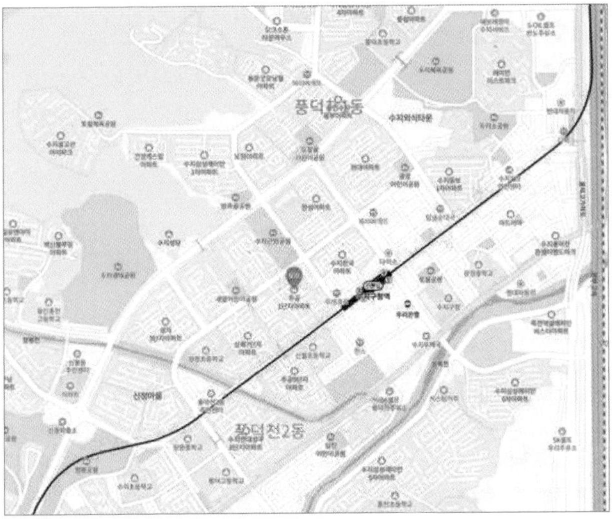
풍덕천2동
수지외식타운

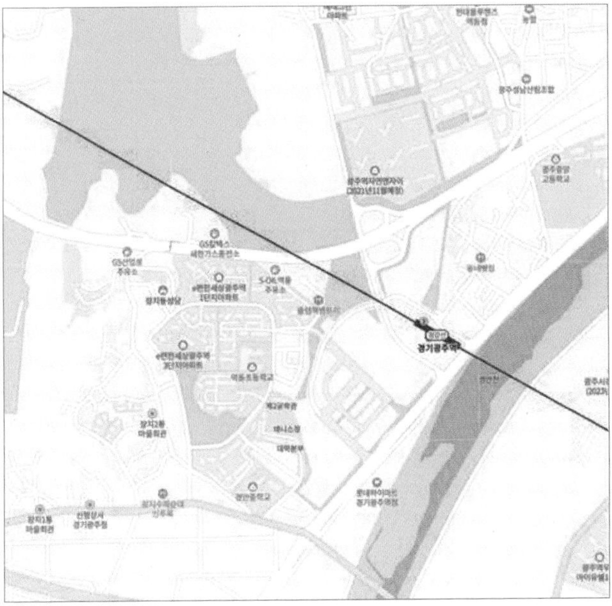
경기광주역

Q 저는 현재 용인시 수지구 풍덕천동 주공 1단지 25평 아파트에 전세로 거주 중인데요, 이 아파트를 매수하는 게 좋을지, 아니면 경기도 광주시 e편한세상 33평을 매수하는 게 좋을지 고민입니다.

A 이건 진짜 굉장히 어려운 질문인데요, 먼저 두 아파트를 비교해볼게요. 용인 아파트는 신분당선까지 와 있죠. 밑으론 광교 신도시까지 와 있고요. 보면 신사역, 논현역 공사를 하고 있잖아요. 3년 후면 강남역에서 신논현역, 논현역, 신사역까지 가고 그다음에 용산역까지 연장하는 걸로 확정되었거든요. 일단 3년 후면 신사역까지 가는데 그 연장선이 직장인이 많은 강남의 핵심 업무 단지를 관통하고 그 개발의 핵인 용산까지 확장되었단 말이죠. 신규 노선도 아니고 이미 있는 노선인데 오를 것이냐를 궁금해하는 분들도 계신데, 중요한 것은 일자리가 많은 강남 지역에 노선이 간다는 거죠. 지금도 괜찮지만 더 가능성이 있고요.

경기도 광주 아파트는 사실 지어진 지 얼마 안 돼서 신규랑 다를 바 없죠. 3~4년 전에 입주했을 거예요. 라인은 판교에서 광주를 지나고 그 다음 이천을 지나서 여주까지. 그래서 이 노선이 생기기 전에 이천, 여주에도 투자하는 분들이 많았는데 여주, 이천 라인은 생각보다 수요가 없어서 별로 안 올랐거든요. 근데 최근에 광주에서 수서역까지 가는 SRT를 놓겠다 해서 사전 타당성을 통과했습니다. 굉장히 확률이 높은 거죠. 그럼 수서가 강남권의 요충지인데 여기까지 15~17분에 간다는 말이에요. 물론 분당 모란을 거쳐서 가고요. 사전 타당성 조사이니 나중에 봐야겠지만 확률이 높거든요. 그리고 30평대 신규 아파트가 5억 초반이에요.

저는 이렇게 보고 있어요. 광주가 일자리가 많은 지역은 아니거든요. 판교, 분당 가격이 많이 올라서 거기서 월세 살던 분들이 비교적 저렴한 새 아파트로 이사 오는 수요가 있어서 나쁘지는 않은데 교통 호재가 생긴다면 굉장히 좋아지겠죠. 근데 용인으로 다시 가자면 거기는 일자리가 창출됩니다. 신분당선이 연장되면 일자리가 많은 강남, 용산으로 갈 수 있거든요. 그리고 좀 더 멀리 보면 용인시 처인구 SK하이닉스에서 엄청난 투자를 합니다. 일자리 창출이 많이 돼요. 여긴 거리가 좀 있긴 합니다만, 용인 전체로도 어느 정도는 호재가 있습니다.

Q 그래서 지금 전세 사는 곳을 매수하는 게 좋다는 말씀이신가요?

A 몇 가지만 더 설명해드리면, 작년에 용인시 도시기본계획 수정안이 발표되었어요. 이 수정 발표된 계획이 향후 용인의 20년 발전 계획입니다. 아주 중요하게 등장하는 게 용인시 수지구예요. 특히 구성역이 아주 좋거든요. 그 근처는 다 개발이 될 수밖에 없고, 경기도 광주는 2020년을 잘 보셔야 합니다. 현재 서울, 경기, 인천에는 수도권정비계획이 있어요. 2020년 상반기면 3차 수도권정비계획이 끝납니다. 여기에선 경기도 광주시를 자연보전권역으로 묶었습니다. 다시 말해 거기서 물을 버리면 물이 팔당댐으로 가요. 수도권 동쪽에서 물을 버렸을 때 팔당댐으로 오는 지역들은 수질을 보호하기 위해 묶어놔요. 개발행위 허가는 6만㎡를 최대로 하고 있습니다. 광주시가 왜 사람이 많이 안 오게 되어 있냐면, 개발을 많이 할 수 없게끔 되어 있는데 2020년

상반기면 3차 수도권정비계획이 끝나거든요. 그럼 제4차 수도권정비계획이 들어설 때 규제가 완화될 수도 있지 않을까 하는 거죠.

현재 광주시에서 개발을 제한하는 근거가 20년 전 하수종말처리시설 능력이에요. 20년 동안 기술이 워낙 좋아졌거든요. 경기도 광주시나 자연보전권역에서 물을 버리더라도 팔당댐은 수도권에 사는 분들 식수를 공급하는 곳이라 들어가기 전에 다 걸러냅니다. 20년 동안 기술이 좋아져서요. 그래서 경기도 광주시 같은 자연보전권역이 규제를 조금 완화시켜주지 않을까 싶고요. 부동산은 개발이 탄력을 받아야 좋아지는데 현시점에서는 제4차 수도권정비계획이 확정 발표되어야 알 수 있습니다.

Q 아이고, 어렵네요. 그래서 답이?

A 현재 확실한 건 용인시 수지입니다.

Q 알겠습니다. 마지막으로 분양가 상한제가 시행되면 좋을 거 같습니까?

A 저 같은 경우 분양가 상한제가 실행되면 제 집값은 오를 거 같습니다.

Q 분양가 상한제 시행 시 이것만은 잊지 말고 꼭 준비하라는 게 있다면요?

A 요즘 통계를 보면 청약 가입자수가 많이 늘었다고 하잖아요. 원래 청약은 기간이 길어야 하기 때문에 당장 집을 살 게 아니더라도 가입은 해둬야 하는데, 요즘 워낙 분양가 상한제에 대해 말이 많기 때문에 대학생들도 관심을 갖는 거 같습니다. 이 자체는 바람직하다고 봅니다. 부동산 공부도 '당장 돈이 없는데'라고 할 게 아니라 미리 준비하는 게 훨씬 좋으니까요.

광명시 일직동 산간지역

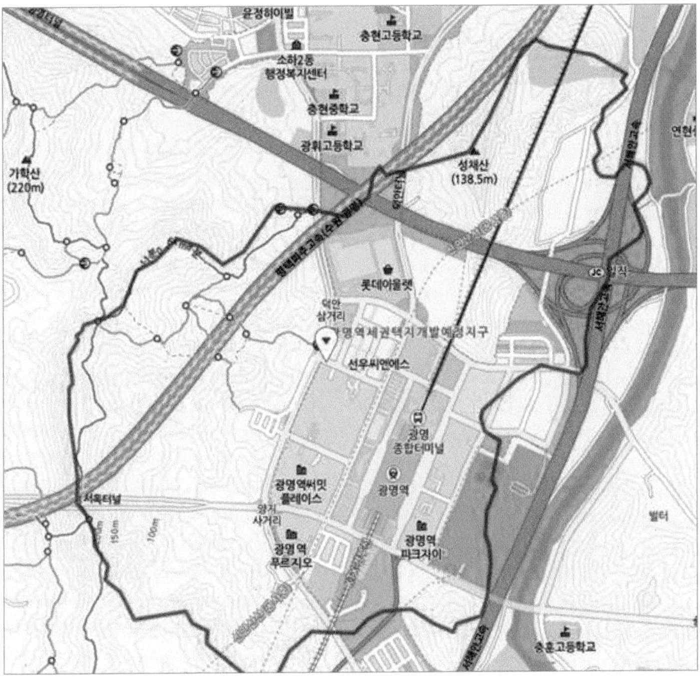

Q 광명시 일직동에 투자를 하고 싶은데요.

A 몇 평을 얼마에 사려고 하시는 거죠?

Q 100평 정도고, 지금 평당 26만 9,000원이래요.

A 26만 9,000이요. 100평이면 2,600만 정도 되네요. 한번 보겠습니다. 광명이 요즘 뜨겁긴 하죠.

Q 그 옆이 많이 발전된대요.

A 어떻게 발전된다고 하던가요?

Q 아파트도 들어오고 여러 가지로…….

A 지금 이 땅 면적이 29,851㎡면 한 8,000평 정도 됩니다. 이 중 100평을 사겠다고 하신 거예요. 지분투자죠? 여기는 개발제한구역이고 공익용 산지네요. 심지어 맹지고요. 도로가 없어요.

Q 고속도로가 난다고 그러던데요?

A 고속도로가 나면 땅에 좋은 영향을 미칠까요? 우리가 고속도로를 타고 갈 때 옆에 있는 땅이 좋은 땅으로 보이던가요?

Q 별로 안 좋죠.

A 별로가 아니라 많이 안 좋죠. 고속도로 계획을 봐야겠지만. 여긴 교통 호재도 많이 있어요. 제1수도권 외곽순환도로라든지, KTX, 역세권에서도 가깝고 인근에 광명 테크노밸리도 있고요. 중요한 건 개발제한구역인데 MB 정부 때 여기에 보금자리주택을 지으려고 하다가 안 돼서 광명시 테크노밸리라고 첨단산업단지가 들어선 거예요. 그래서 호재는 많아요. 근데 지금 사려는 땅이 8,000평이나 되는 땅의 100평이고 여기에 개발제한구역이 풀릴 거라는 보장이 없어요. 개발제한구역을 그렇게 쉽게 생각하시면 안 됩니다. 아주 잘 찾아오셨어요, 사시기 전에. 전 매수 반대 의사를 드리겠습니다. 아시겠죠? 뭐, 선택은 본인이 하시는 건데 좋은 투자가 아닙니다.

Q 개발이 거의 안 되는 건가요?

A 무슨 개발이 된다고 해요?

Q 개발제한구역이 풀리지 않는다는 거죠?

A 그건 모르죠. 정부가 이번에 3기 신도시를 지정했는데 갑자기 만든 거잖아요. 그런 것처럼 여기를 3기, 4기 신도시로 지정할 수도 있겠지만 바로 옆이 고속도로인데 과연 신도시 지정을 할까요?

Q 음…….

A 여기서 좀 떨어진 곳에 지정할 수는 있겠지만요, 그죠? 어쨌든 이건 사시면 안 될 거 같다는 판단입니다. 그런데 혹시 고집이 세신 편인가요?

Q 아뇨, 아뇨.

A 제 느낌으로는 돈을 좀 벌어드린 것 같습니다.

Q 네, 감사합니다.

경기도 화성시 토지 향후 전망

Q 저는 경북 의성에 사는데요, 지방 부동산 시장이 너무 침체되어 있어서 경기도 화성쯤에 한 10년 동안 장기적으로 묻어둘 땅을 알아보려고 합니다. 그린벨트에 묶여 있어도 입지가 좋으면 괜찮고요. 아니면 2~3억 내외의 밭이나 전답을 알아볼까 싶습니다.

A 전라도나 경상도 분들이 토지에 투자하려고 평택이나 화성에 많이 오시는 거 같아요. 특히 평택 같은 경우는 삼성이 들어온다고 해서 투자 상담 문의가 많고요. 화성은 아무래도 수도권이고 서울 가까운 곳이라 보신 거 같습니다. 근데 토지에 투자하시려는 이유가 있나요?

Q 아파트 같은 건 너무 많이 오른 거 같기도 하고, 저희가 상식이 없어서요. 그래도 땅은 변하는 게 아니니까.

A 주택은 뭐 변하나요?

Q 네, 좁은 소견에 그런 생각을 해봤습니다.

A 토지 투자는 오히려 더 어렵습니다.

Q 아, 더 어렵습니까?

A 첫 번째로 서류를 잘 볼 줄 알아야 해요. 용도지역, 용도지구, 용도구역이 다 나오거든요. 주거지냐, 상업지냐, 관리지냐에 따라서도 다릅니다. 그리고 좀 전에 그린벨트를 말씀하셨지만 개발제한구역도 있고요. 10년을 바라본다고 하셨는데 최근 땅값이 많이 오른 지역이 평택이에요. 제주도는 많이 올랐다가 한물갔죠. 그러다 또 전성기가 올 겁

니다. 세종시도 예전에는 많이 올랐죠. 남북관계가 좋아지면 파주 토지 투자가 늘 단골메뉴로 나옵니다. 아무래도 가까우니까요.

그 외에 혁신도시, 기업도시라고 해서 반짝 떠오르는 지역들이 있어요. 대부분 일시적 현상이었지만요. 지금 3기 신도시가 보상에 들어가기 때문에 3기 신도시 인근의 토지에 투자해야 하는 거 아니냐고 많이들 생각하시는데요, 그렇다고 화성이 나쁘다는 건 아닙니다. 우리나라 제조업 공장들이 많이 없어지고 있어서 더 느는 추세가 아니거든요. 그렇다고 한다면 화성도 마찬가지예요. 쉽게 이야기하면 국가산업단지가 구로에 있었잖아요? 그래서 시흥, 화성, 평택, 당진, 서해 라인으로 분양이 들어왔었는데 지금은 많이 축소되고 있는 추세입니다. 그리고 물류단지라든지, 요즘 배달앱을 활용해서 배달해주는 게 큰 산업으로 발전했잖아요? 그러다 보니까 제2외곽순환도로로 갈 수 있는 남양주나 김포 라인을 지나는 지역들이 각광을 받고 있어요. 그러니까 화성이 나쁘다는 게 아니고요, 어떤 부동산이든 좋은 위치를 싸게 사면 되는 거니까요.

의성에 있는 땅도 지금은 거래가 많이 되지 않지만 굉장히 싸게 살 수 있다면 의성 땅에 투자하는 게 맞잖아요, 그죠? 저는 지금 보편적인 이야기를 말씀드리는 거예요. 그래서 화성보다는 제2수도권 외곽순환도로 인터체인지로 들어올 수 있는 지역의 땅을 싸게 사면 좋은데 토지 투자가 어려운 게 적절한 가격인지, 용도인지 서류를 보는 게 일반인은 굉장히 힘들거든요. 그런 부분을 한 번 더 조사해보시길 바랍니다.

Q 네, 감사합니다.

수도권 이외 지방

골프장 옆에 붙은 세종시 전의면 유천리 토지 매도 여부 분석

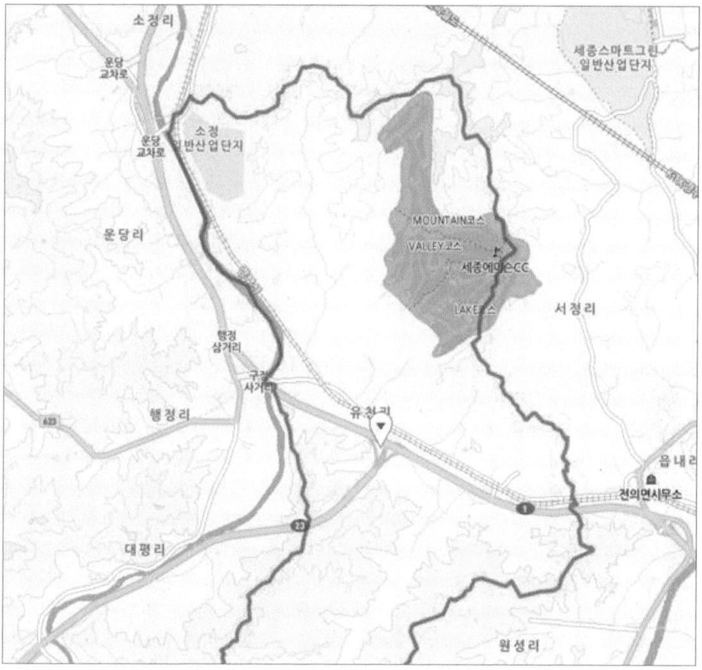

Q 세종시 전의면에 있는 유천리 땅을 아버님이 1년 전쯤 매매하셨는데 맹지인 상황이에요. 매매를 빨리 해야 하는지, 아니면 장기보유를 하면 좋을지 알고 싶어요.

A 아버님께서 취득을 하셨다고요? 투자 목적으로 하신 건가요?

Q 네.

A 몇 평이죠, 여기가?

Q 1,000평 정도 돼요.

A 크네요. 얼마에 매수하셨죠?

Q 평당 12~13만 원 정도로 알고 있습니다.

A 그러면 1억 2,000인가요?

Q 1억 2,500 정도요.

A 작년에 투자 목적으로 매수하셨다면 뭘 보고 매수하신 거죠, 어떤 부분을 보고?

Q 정확한 정보는 거의 없는 상황에서 세종시라는 특수성만 보고 맹지임에도 불구하고 장기적으로 10년 이상을 보고 매매하신 거 같아요. 이걸 과연 계속 가지고 있어야 하는지, 빨리 처분하고 다른 걸 사는 게 좋을지 궁금합니다.

A 예전 충남 연기군이 대부분 세종시로 들어갔고, 그다음이 공주 장기면인가요? 그다음이 부강면 쪽이고요. 하여튼 행정 중심 복합도시는 금강 쪽이라 대부분 금강 인근 몇 km 이내 땅에 많이 투자하거든요. 근데 지금 말씀하신 유천리는 전동면이죠? 여기는 거의 천안 쪽이거든요.

Q 네, 맞습니다.

A 천안 쪽인데 호재가 없는 건 아니에요. 천안까지 내려오는 수도권 전철 있죠? 그게 전의면을 거쳐 읍을 통과해 공항까지 갈 예정이거든요. 근데 요즘 이런 개발들이 왜 난무하느냐면, 지금 우리나라가 전국 4대 철도망 계획을 잡고 있거든요. 예를 들어 대전 같은 경우도 세종시와 연계해서 전철을 만들고 있고요. 청주도 마찬가지예요. 이런 사업을 하려면 한 개 지자체에서 계획서를 넣으면 진행이 잘 안 되기 때문에 충북과 세종시, 대전을 연계해 지하철을 만들려는 계획이 난무하고 있

는 거거든요. 그래서 토지 투자 업자들이 이런 부분을 자꾸 확정된 것처럼 이야기하는데 제가 알기로는 확정된 건 없습니다. 계획대로 될지 안 될지 모르거든요. 그래서 전의면에 전철이 들어서 그게 청주까지 이어진다고 하면 땅값에 영향은 있지만 그건 될지 안 될지 안다, 모른다?

Q 모른다.

A 네, 모른다는 거예요. 지금 3기 신도시가 들어서면서 무조건 그린벨트를 사라는 소리가 난무하는데 이 땅은 지분으로 사신 건 아닌 거 같거든요? 그나마 다행입니다. 용도를 보니 계획관리지역이라 좋고요. 맹지인 것도 아시네요. 그리고 여기에 '구'라고 찍혀 있죠. 물이 조금 흐른다는 얘긴데 그러면 아마 전용 허가를 받을 수 있을 거예요. 그럼 맹지에서 벗어날 수는 있거든요. 물론 지자체마다 세부사항은 달라서 제가 확답을 드릴 순 없지만 그럴 가능성이 있으니까 확인해보시라는 얘기고요. 전용 허가를 받으면 도로로 쓸 수 있는데 지자체 조례에 따라 해줄 수도, 안 해줄 수도 있으니 담당 군무원과 통화를 해보세요. 그리고 또 한 가지 단점이 있는데 바로 옆에 골프장이 있다는 거예요. 골프장 바로 옆에서 뭘 할 수 있겠어요?

Q 그죠…….

A 그래서 입지도 봐야 하는데 입지가 골프장에 거의 붙어 있어요. 전국 어디를 가더라도 골프장 옆에 바로 붙어 있어서 땅값이 많이 오르는 지역이 있을까요? 없잖아요. 땅값이 오르려면 자꾸 개발되어서 집이

든, 공장이든 들어와야 하는데 골프장이 딱 버티고 있잖아요. 그걸 보셔도 좋은 입지는 아니에요. 그래서 저는 최대한 빨리 매도하는 것이 좋다고 보고요. 지금도 투자할 곳이 굉장히 많아서 갈아타시면 좋을 거 같습니다. 환승하세요.

Q 네, 감사합니다.

전북 부안군 계화면 창북리 토지 전망

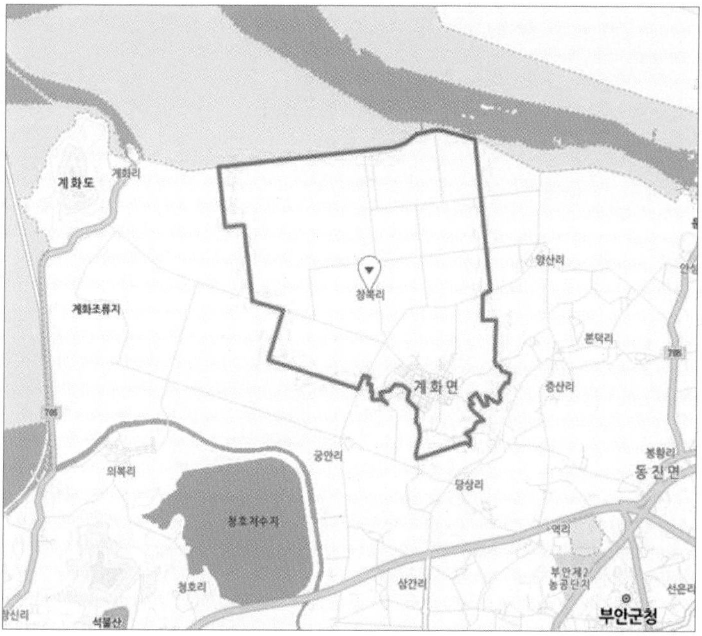

Q 전라도 부안군 계화면 창북리 312번지에 땅이 조금 있는데요, 갑자기 그걸 팔라고 자꾸 전화가 오는데 파는 게 좋을지, 놔둬야 좋을지 모르겠어요.

A 지방에 있는 토지, 그전에 팔려고 내놔도 전화가 안 오다가 느닷없이 전화가 오면 뭔가 이상한 거예요. 이상한 겁니다.

Q 그래서 팔아야 할지, 안 팔아야 좋을지 몰라서요. 너무 멀어서 가기도 좀 어렵고.

A 어디에 거주하시는데요?

Q 서울에 거주하는데요.

A 그럼 그 부안군에 있는 땅은 언제 사두신 거예요?

Q 몇 십 년 되었어요. 저희 집 영감이 3년 전에 제 이름으로 바꿔줬어요. 취득세 다 내고.

A 배우자분이 살아 계시죠?

Q 네.

A 그럼 상속이 아니라 증여했다고 합니다.

Q 네, 증여했어요.

A 증여받은 날로부터 5년 이내에 팔게 되면 원래 주인이 판 것으로 돼서 양도소득세가 많이 나와요.

Q 5년이 지나야되겠군요.

A 일단 증여받은 지 3년 되셨다고요?

Q 네.

A 그러면 올해는 파시면 안 됩니다. 세금이 많이 나와요. 그리고 여기가 새만금 개발하는 데 바로 옆이잖아요. 부안군청과 새만금 사이에 있는데 이 지역이 어떤 지역인지 좀 봐야 할 거 같아요. 조그마한 소재지인데 지금 보니까 밭으로 되어 있는 거 같습니다.

Q 네, 밭으로 되어 있어요.

A 제가 조금 전에 토지 용역을 좀 봤는데요.

Q 네.

A 땅이 850평 정도 되는 거 같습니다.

Q 864평이요.

A 정확하게 알고 계시네요. 근데 지금 보니까 지목이 묘지로 되어 있습니다.

Q 네, 묘지 두 개가 있어요.

A 그리고 도로 개통이 예정되어 있습니다. 엄청 긴 폭으로 도로에 접하는 걸로 되어 있어요. 개입 도로가 되어 있습니다. 그렇기 때문에 여기에 도로가 나면 맹지에서 탈출하고 입지가 좋아질 수 있는 땅이에요.

Q 네.

A 도시 계획이 잡히면서 그 동네에 새롭게 도로가 나는 거고요. 전체적으로 크게 보시면 빨간색으로 표시한 부분이 면사무소 인근 땅입니다. 일반 상업지역으로 되어 있고요. 그러니까 도로가 나고 이 지역이 개발되면서 앞으로 아파트를 짓든, 상가주택을 짓든 뭘 하겠다는 거예요. 이 정보를 모르는 땅 주인에게 전화해서 살 사람이 있으니 팔라는 거고요. 지금 시세대로 파는 거죠?

Q 그렇죠.

A 앞으로 2년 안에 팔면 증여하신 분이 세금을 더 내야 해요. 무슨 말인지 아시죠? 남는 게 없어요. 그럼 증여받을 때 시세대로 증여를 하셨나요, 아니면 기준 시가대로 하셨나요?

Q 기준시가대로 받았어요.

A 그럼 세금을 엄청 많이 내야 해요. 그러니까 당분간은 팔면 안 되고요. 개발되는 걸 확인하셔야 하는데 어디 가서 확인하시냐면, 부항 근처 푸른 도시과에 가셔서 이 땅이 앞으로 어떻게 될 건지 물어보시면

돼요. 그리고 지금 한 필지가 전부 다 묘지로 되어 있는데 토지 가치를 더 높이려면 묘지가 있는 부분만 묘로 두고 나머지 부분은 원래대로 밭으로, 전으로 지목 변경 신청을 하는 것도 괜찮습니다. 왜냐하면 묘지보다는 밭이 기준시가, 매매가가 다 높거든요.

Q 근처 구청에 가서 지목 변경을 하면 되나요?

A 그거는 구청에 가서 한번 문의해보세요.

Q 네, 감사합니다.

부록

유튜브 '장대장TV' – 장대장의 연예인 부동산 참견

배우 김민정의 부동산 인생사

1편

저자 장대장TV 구독자 여러분, 안녕하십니까? 오늘은 실내가 아닌 야외로 나왔습니다. 경기도 용인시입니다. 왕년에 대스타였던 이분에게 부동산 고민이 있다고 해서 제가 해결해드리러 왔습니다. 과연 어떤 분일까요? 이분의 부동산 이야기와 함께 그동안 살아왔던 인생사도 궁금하지 않으세요?

1969년 MBC 공채 탤런트

1977년 MBC 일일드라마 장희빈

1987년 제11회 서울 연극제 여자연기상

장대장TV 장대장의 연예인 부동산 참견, 오늘 첫 순서입니다. 대한민국 왕년의 대스타이셨던 탤런트 김민정 씨 모셨습니다. 집 분위기가 약간 엔틱하고 여기 있으면 잠도 잘 올 것 같고 책도 집중해서 잘 읽을 수 있을 것 같은 느낌이 드는데요.

김민정 씨 연식이 오래되긴 했지만 오래전부터 가지고 있던 것들이에요. 이 가구도 우리 아들 태어난 기념으로 산 건데 그때 당시 90년 된 거였고 지금 아들이 마흔한 살이니까 130년 된 거죠.

저자 첫 주택을 언제 구입하셨는지가 궁금한데요.

김민정 씨 한남동에서 시작을 했어요.

저자 몇 년도에요?

김민정 씨 1974년도에 대지를 사서 집을 지었어요.

저자 1974년도면 그때 당시에 유엔 빌리지 있었죠?

김민정 씨 유엔 빌리지에서 살다가 4년 동안 집을 지었어요. 제 수입보다는 다른 데 힘을 힘려 땅을 구입해서 집 짓는 것에 제가 다 관여를 했었죠. 그래서 거의 그게 애정을 가졌던 첫 집이었던 것 같아요. 그다음에 진짜 내 돈을 가지고 28평짜리 빌라를 샀지요.

저자 어디에 있어요?

김민정 씨 광주요.

저자 경기도 광주요?

김민정 씨 네, 경기도 광주요.

저자 근데 지금도 용인에 사시는데 광주면 바로 옆이잖아요. 이쪽 라인이 한적해서 좋아하시는 건가요?

김민정 씨 물 좋고 산세 좋고 그러니까요. 처음에는 세컨드 하우스라고 생각을 했어요. 건강도 생각하고, 우리 남편이 글 쓰는 거 좋아하니까 거기서 글을 쓰게 하면 되겠다고 생각했죠. 그때는 거기가 꼭 전원일기에 나오는 마을 같았어요.

저자 그럼 그때가 몇 년도였어요?

김민정 씨 2000년이요.

저자 2000년에 28평이면, 지금 돈으로 따지면 엄청 쌌겠네요.

김민정 씨 쌌어요, 진짜 쌌어요.

저자 얼마 정도였는지 여쭤봐도 될까요?

김민정 씨 1억 2천만 원 정도요? 지금도 많이 안 올랐어요.

저자 공기 좋은 곳이 집값은 잘 안 올라요.

김민정 씨 남편 그때 제가 없어서 사고를 쳤는데, 제가 있었으면 그 옆의 현대모닝 아파트를 샀을 거예요. 가격이 비슷했어요.

저자 아파트를 선택하느냐, 빌라를 선택하느냐에 따라 차이가 나중에 나는 거죠.

김민정 씨 부동산을 모르니까 그랬죠.

김민정 씨 남편 근데 지금은 거의 열 배 차이 나.

김민정 씨 지금 생각하면 분해요.

저자 그런 분들 있어요. 그때 당시에 서울하고 경기도 외곽하고 큰 차이 안 났을 때 자기 돈으로 충분히 서울에 살 수 있었는데 안 사고 시간이 지나고 나서 잠을 못 주무시는 분들 되게 많아요.

김민정 씨 거기 가격 차이는 얼마 없고 아파트가 분양도 잘 안 됐어요.

저자 왕십리 뉴타운도 2008년 금융 위기 이후로 많이 꺾였잖아요. 근데 왕십리 뉴타운이 지금 얼마나 비싼 아파트예요.

김민정 씨 그러니까요, 맞아요. 그때 다 미분양 나고 그랬는데 지금 두 배 이상 됐고요.

김민정 씨 남편 제가 기억하기로는 압구정동 미성 아파트가 최초로 미분양됐어요.

저자 미성 아파트 옆 현대 아파트도 처음에는 다 미분양 나서 정주영 씨가 직원들한테 거의 강매하다시피 했다는 썰이 아직도 있잖아요.

김민정 씨 거기도 살 뻔하다 말았어요.

저자 그 동네 잘 아시겠네요.

김민정 씨 그럼요.

저자 완전히 거기도 거의 허허벌판이 비싸게 된 경우죠.

김민정 씨 우리가 현대 살다가, 미성 살다가 했어요.

저자 아, 그러셨어요? 그때 살려고 마음먹었으면 사셨을 텐데요.

김민정 씨 아파트가 싫었어요, 저는.

김민정 씨 남편 마지막에 현대가 전세 4억이었는데 그 당시 집주인이 6억에 사라고 했었어요.

저자 몇 평이었는데요?

김민정 씨 남편 64평이요.

저자 64평을 6억에 사라고 했다고요? 그럼 평당 1,000만 원도 안 됐었네요. 지금도 새 아파트는 아닌데 얼마 전에 평당 1억을 넘겼어요. 열

배가 뛴 거예요. 64평이었으면 한 65억 정도 되었겠네요.

김민정 씨 나는 정말 화가 나요.

저자 내가 똑같은 돈으로 선택에 따라 열 배가 왔다 갔다 할 수 있고, 더 많은 차이도 날 수 있기 때문에 우리가 부동산을 좀 알아야 해요.

김민정 씨 정말 좀 진작에 만났으면……. 아, 진작에 만날 수가 없지. 지금 보니까 우리 큰 딸하고 동갑이에요. 그러니 언제 만나겠어.

김민정 씨 남편 근데 지금도 안 늦은 거 같아요.

저자 맞습니다. 부동산이라는 게 늘 바뀌고 새로운 정책이 나오고 하기 때문에 요즘에는 진짜 잘 모르면 가지고만 있어도 세금을 더 낼 수 있어요.

김민정 씨 우리 28평 빌라도 그대로 있어요.

저자 아직 있어요, 그대로?

김민정 씨 얼마 전에 전세를 줬어요.

저자 그러면 대충 얘기를 들어봐도 처분하기가 쉽지 않을 것 같은데요?

김민정 씨 팔기는 억울해요, 너무.

저자 그때 신축이었습니까?

김민정 씨 아니요, 신축 아니었어요.

저자 그럼 지금 거의 30년 됐다는 얘기 아니에요?

김민정 씨 남편 아니요, 그 당시 1~2년 됐었어요.

저자 그럼 지금 세를 얼마에 주세요?

김민정 씨 남편 전세 1억 3,500만 원이요.

저자 아, 그러니까 20년 전에 샀던 가격이 지금 전세가니까 얼마나 안 오른 거예요.

김민정 씨 이리 이사를 온 이유가 개를 마당에서 마음대로 기르고 싶어서였거든요.

저자 총 몇 마리입니까?

김민정 씨 남편 고양이는 일곱 마리, 강아지가 여덟 마리예요. 우리가 이 안에서 케어하는 아이들이 열다섯 마리고, 밖에도 고양이가 열다섯 마리 있어요. 이 마당이 밖에서 볼 때는 안 보이잖아요.

김민정 씨 마당에 잠옷 입고 나가도 돼요.

저자 진짜 그러겠네요.

김민정 씨 남편 저기서 고기도 구워 먹어요. 빌라가 안 팔려서 여기를 대출 끼고 샀는데 아직까지도 그 대출이 남아 있어요.

2편

김민정 씨 우리 친정집이 쌀 두 가마로 산 집이에요.

저자 어디에요?

김민정 씨 구로구요.

저자 쌀 두 가마가 얼마였는데 두 가마로 집을 사요?

김민정 씨 거기는 말하자면 수해 입은 분들의 정착촌이었어요.

김민정 씨 남편 구로공단이요.

저자 구로공단 쪽이 지금은 개발돼서 집값이 많이 올랐잖아요.

김민정 씨 그때 당시에는 쌌어요. 거기도 1호, 2호, 3호 이렇게 쫙 있었는데 우리 집이 603호였던 거 같아요. 기차 화통처럼 생겼는데 한 칸에 네 집인가 다섯 집이 있었어요. 그러니까 그때 한 줄을 다 사도 되는 거였어요. 한 줄을 다 사도 쌀 10가마면 됐으니까요.

김민정 씨 남편 시골에 쌀은 정말 많았으니까요. 부모님이 집을 19세대 지어서 아들딸들한테 하나씩 다 주셨죠.

김민정 씨 두 동이었죠. 100평.

저자 호수당 구분등기가 되는 거예요? 구분등기가 되는 거면 다세대주택이라고 해서 통 건물 두 동이 있는 거네요?

김민정 씨 우리 엄마가 그때 부동산에 더 눈을 떴더라면 딸 몫으로 그 간이 주택 다섯 개를 한 줄 쫙 사놨어도…….

저자 그래도 다행이네요. 그 두 개 동도 만약에 안 사셨다면 지금 얼마나 아쉬우시겠어요. 집값이 떨어질 것 같아서 기다렸다 살려고 했는데 더 오르면 더 힘들어지잖아요. 집값이 떨어질까 올라갈까 재다가 또 더 올라가면 못 사는 경우가 있는데 거기에 대해서는 좀 어떻게 생각하세요?

김민정 씨 본인이 필요하면 사야 될 거 같아요.

저자 집 한 채는 저도 그렇게 생각합니다. 집 한 채 정도는 여력이 되는데 더 낮은 가격에 살려고 하다 보면 더 손해를 볼 수 있어요. 어차피 화폐가치보다 실물자산이 올라가는 속도가 훨씬 더 빠르기 때문에 조정을 받더라도 결국은 우상향을 하거든요.

김민정 씨 남편 광주 빌라만 해도 멍청한 짓 한 거 같지만 그래도 거기서 우리가 집 걱정 없이 살았거든요. 이사 다닐 필요도 없고.

저자 그리고 만약에 그 돈을 은행에 넣어놨어도 이자가 그렇게 많지는 않았을 거예요.

김민정 씨 남편 오히려 까먹었겠죠. 물가상승률이 더 빠르니까. 그리고 어디에 썼겠죠.

저자 현금은 있으면 날라가게 되어 있어요. 증발해요. 현금은 증발합니다.

김민정 씨 근데 부동산에 일찍 눈뜨지 못한 거는 좀 후회스러워요.

저자 저는 고등학교가 됐든 중학교가 됐든, 부동산도 하나의 필수과목으로 기본적인 것을 알려줘야 한다고 생각해요. 왜냐하면 너무 무지해서 나중에 정말 살기 힘든 경우가 생기거든요. 당장 내가 여유가 되든 안 되든, 부동산이라는 게 뭐고 집이라는 게 뭐고 기본적인 개념은 알아야 사기도 안 당하고요.

김민정 씨 근데 이제 좀 알아볼까 하니까 때가 이미 늦은 거 아닌가 하는 생각이 들어요. 왜냐하면 너무 다 올라 있으니까.

김민정 씨 남편 지금도 안 늦었어요.

저자 우리가 과거를 돌이켜보면 너무 많이 올랐을 때 아, 이제는 끝났다, 너무 많이 올랐다, 늘 그랬거든요.

김민정 씨 지금 또 그런 생각이 들어요.

저자 지금도 그럴 거예요. 근데 시간이 지나면 그때 그렇게 올라서 진짜 꼭짓점인 거 같았는데 또 올라와 있네 하고 생각하는 거 같아요.

김민정 씨 저는 한 번 투자한 적이 있었거든요.

저자 어디에요?

김민정 씨 저하고 띠동갑 막내이모가 있는데 이모네 동네에 개발한다고 딱지를 파니까 하나 사놓으라고 하더라고요.

저자 입주권 같은 거요?

김민정 씨 그 딱지가 주상복합 딱지였어요. 아파트로 갔어야 했는데 주상복합 상가 딱지를 잘못 받은 거예요.

저자 지역이 어디였어요?

김민정 씨 부천 중동이요.

저자 중동은 부천에서 아주 좋은 동네잖아요.

김민정 씨 남편 좋은 위치인데 지분이 몇 분의 몇이었어요.

김민정 씨 그러니까 그 이모가 가이드를 잘못 해준 거예요. 그걸 다 살 수도 없고 가령 30평 중 지분이 나온 거예요, 조합원 지분이.

저자 아파트 상가이면 지분은 그대로 있었을 텐데요.

김민정 씨 남편 근데 그걸 팔아버렸죠.

김민정 씨 그게 여러 사람이 같이 조합이 어쩌구저쩌구 하니까.

저자 그 자체를 그냥 싫어하셨군요. 아마 그 자리가 장사하셨던 분 자리일 거예요. 그 자리의 주인인데 혼자 가지고 계신 게 아니고 공유지분 중 일부를 사신 거죠. 그때만 해도 새 상가의 지분은 내 거였잖아요.

김민정 씨 조합에서 데모하고 회의하고 데모하고 하니까 복잡하더라고요.

저자 지금도 복잡한데 그 시기에는 얼마나 더 복잡하고 오래 걸렸겠어요.

김민정 씨 그리고 난 아직 어리고 그러니까 부동산은 나하고 안 맞는다고 생각했어요.

저자 옛날에 조금 좋은 기억이 있었으면 관심을 가지셨을 텐데 부동산은 복잡하고 사기꾼들만 많은 것 같고…….

김민정 씨 남편 저는 이 집에 대해 상담을 드리고 싶은데요, 이게 원래 두 채였어요.

저자 아, 두 채였어요?

김민정 씨 남편 네, 두 채였는데 붙인 거예요.

저자 주소는 지금 하나잖아요.

김민정 씨 남편 네, 하나예요.

저자 필지는 하나고요?

김민정 씨 남편 네, 통합을 한 거예요. 땅콩 집처럼 반을 잘라서 팔고 싶어요.

저자 도로가 지금 이쪽으로 되어 있죠?

김민정 씨 남편 네.

저자 그건 매매에 의한 분할로 하면 가능할 것 같은데요? 이걸 팔기 위해 분할을 한다고 허가를 신청하면 어렵지 않을 거 같아요. 그것도 좋은 생각이신 거 같아요, 대출도 갚으시고.

김민정 씨 남편 그럼 바닥면적 20평짜리 땅콩 집이 생기니까요.

저자 그렇죠. 그 대신 용적률이 많이 남아 있으니까 2층으로 올려도 되고요. 지금 용적률은 자연 녹지면 100%인데 용인시 조례를 봐야 해요. 지역마다 약간 다르거든요. 법상으로는 100%까지니까 100평일 경우 바닥이 20평이면 5층까지는 지을 수는 있죠. 근데 지자체마다 조례가 다르니까 용인 시청에 문의를 해봐야 해요.

김민정 씨 남편 100%가 대지 면적이군요.

저자 네, 그러니까 20평을 다섯 개 올릴 수 있는 거죠. 아니면 필로티로 해 가지고 1층을 주차장으로 하고요. 지하는 돈이 많이 들어요.

김민정 씨 아니, 우리는 경사가 져 있어서요.

저자 그러면 정확하게 봐야 되겠지만 경사진 데는 지하로 들어간 데도 많아요. 시청 건축과에 의뢰를 해보면 다 알려줘요.

김민정 씨 오, 20평이 5층까지 올라가면 좋겠네요.

저자 근데 5층 올라가도 별로 쓸 게 없잖아요.

김민정 씨 아니, 분양할 거 같으면요. 요즘은 미니 2층으로, 복층으로도 하잖아요.

저자 분양하시려면 최대한 찾아보시면 좋죠.

김민정 씨 남편 이 마을이 취락지구로 지정이 되었는데 우리 일곱 집만 취락지구에서 빠졌어요.

저자 취락지구가 건폐율이 좀 더 높죠, 60%까지.

김민정 씨 남편 근데 20년 전에 새로 개발된 지역은 제외라고 하더라고요.

저자 일반적으로 건폐율이 넓은 게 좋긴 한데요, 다른 한편으로 보면 전원주택이면 마당도 넓고 해야 하니까 100평 중 80평을 마당으로 쓰는 것도 나쁘지는 않은 거죠. 사실 그 맛에 이 전원주택으로 오는 건데 마당도 하나 없이 집만 있으면 좀 단점이 될 수 있지 않나 싶어요. 그건 사람에 따라, 지역에 따라 다를 수는 있으니까요.

김민정 씨 그래도 노후에 이 집을 가지고 연구를 해야 돼요.

저자 말씀하신 것도 좋은 방법이긴 해요. 도로가 있어야 건축 허가가 나니까 도로를 끼고 반을 잘라 팔아서 채무도 해결하시고, 남은 거 가지고 만약 여유가 되시면 두 개 층은 분양을 하시고요. 연구를 많이 하신 거 같은데요.

김민정 씨 우리 요즘 연구해요. 노후를 어떻게 편안하게 살까 정리하면서.

저자 선생님한테 이 집의 의미는 무엇인지 간략하게 말씀해주실 수 있을까요?

김민정 씨 이 집은 우리가 행복해지기 위한 낙원이라고 생각해요. 우리의 비빌 언덕이죠.

저자 비빌 언덕이요? 그럼 부동산이란 한마디로 뭐라고 생각하세요?

김민정 씨 우리가 행복하게 살기 위한 곳이요.

저자 집값 오르는 쪽만 쫓아다니다 집을 못 사는 경우도 있으니까 조금 덜 오르더라도 어느 정도 형편에 맞게 사는 게 좋은 것 같아요.

김민정 씨 안정이 중요하죠.

저자 생활에서 행복을 찾자, 좋은 말씀이신 것 같습니다.

김민정 씨 연예인 1호로 제가 초대받았는데요, 저도 부동산에 대해서는 문외한이고 별로 관심도 없던 사람인데 오늘 이렇게 얘길 듣다 보니까 진작 몰랐던 것이 참 한이 되네요. 이런 채널이 있다는 것이 저 같은 사람한테는 공부할 수 있는 기회가 되고, 정말 쉽고 편하게 설명을 잘해주시니까 굉장히 유익한 채널 같습니다. 저같이 74세가 되도록 부동산을 모르고 사는 것도 자랑은 아닌 거 같아요. 좀 알 건 알아야 될 거 같아요. 장대장TV 채널이 굉장히 휴머니티가 있고 정직한 부동산 채널 같습니다.

저자 장대장의 연예인 부동산 참견 제1호 연예인으로 김민정 씨 부부를 만나보았습니다. 부동산이라는 게 인생사와 굉장히 얽혀 있다는 것을 느끼셨을 텐데요, 이처럼 많은 고민을 하고 계시는 분들은 주저하지 말고 연락해주시기 바랍니다. 저 장대장이 여러분의 고민을 해결해드리도록 하겠습니다.

에 필 로 그

부동산 투자 시장을 바라보는 시야를 넓혀라

부동산 업계에 몸담은 지 20년 가까운 세월이 흐르는 동안 가장 감사했던 것이 무엇인지 질문을 받는다면 다른 무엇보다 많은 기회를 얻을 수 있었다는 것을 꼽고 싶다. 생방송으로 진행한 시청자 상담을 통해 각양각색의 사례를 접할 수 있었고, 시사 프로그램의 의뢰를 받아 재벌 부동산의 가치를 분석해볼 수 있었으며, 갖가지 부동산 관련 사건·사고의 문제점을 평가해보는 기회도 얻을 수 있었다. 그 외에도 연예인 부동산 상담, 각종 뉴스에 출연해 정부 정책 분석을 통한 미래 전망 예측, 미국에 열흘간 체류하며 20여 개 도시, 100여 채에 달하는 현장을 방문하는 등 다양한 기회도 누릴 수 있었다.

지난 2018년에는 문재인 대통령과 김정은 위원장의 회담을 계기로 중국 내 북한 접경 지역인 단둥, 연변, 훈춘 등을 둘러보고 베트남, 일본, 싱가포르, 팔라우, 말레이시아 등 해외에서의 부동산 현장 경험을 통해 미래 예측이 가능한 상상력 역시 얻을 수 있었다. 하지만 무엇보다 종편 채널에서 예능 등 다수 프로그램에 출연한 것을 계기로 20~30대 젊은 청년들이 부동산에 관심을 갖고 상담 요청을 해오는 것이 가장 감사하다. 꾸준한 관심과 성원에 힘입어 현재는 유튜브 '장대장TV'를 통해 부동산과 재테크와 관련된 빠르고 정확한 정보를 제공하는 한편, 라이브로 강의 및 시청자 상담도 진행하고 있다.

부동산 전문가로서의 활동 외에도 경제 채널에 다수의 부동산 프로그램을 론칭하면서 부동산업을 하시는 분들에게 유용한 정보를 제공할 수 있는 운동장을 만들어주고, 쉽고 재미있는 설명으로 국민들에게 부동산에 대한 관심을 불러일으키는 등 나름대로 적지 않은 결과를 만들어냈다고 자부하고 있다.

복잡하고 어렵지만 우리나라 가계 자산의 70~80%가 부동산에 몰려 있는 것을 통해 알 수 있듯이 부동산은 가정 경제에 있어 간과할 수 없는, 반드시 알아야 하는 분야임이 틀림없다. 그렇게 중요한 부동산이다 보니 상담을 하다 보면 우시는 분도 많고 우울증을 호소하시는 분도 많은 것이 현실이다. 특히 거의 매일 나오는 부동산 개발 이슈, 자주 바뀌는 정책으로 인한 세법 개정 등은 너무할 정도로 복잡해서 상담 오시는 대부분의 분들이 사법고시 공부하는 수준이라는 넋두리까지 하실 지경이다. 그런 만큼 이제 부동산 문제는 본인 또는 가족들끼리 상의해서 결정할 문제가 아닌, 경험 많고 검증된 전문가와의 상담을 통해 전략적으로 접근해야 하는 시대다.

많은 경험이 녹아 있긴 하지만 이 한 권의 책으로 급변하는 부동산 문제를 속 시원히 풀어줄 수는 없을 것이다. 하지만 다양한 간접 경험을 제공함으로써 여러 가지 가능성을 가늠할 수 있는 사고의 폭을 넓히는 데 도움이 될 거라 생각한다. 투자 경험이 많은 분들은 알겠지만 시장을 바라보는 시야를 넓혀야 빨리 기회를 잡을 수 있다.

끝으로 오늘도 성공 투자를 위해 수고를 아끼지 않는 분들의 건승을 빌며, 책의 출간에 도움을 주신 모든 분들에게 감사드린다.